中国出版近代化研究
——基于编辑学的视角

向　敏著

济南出版社

图书在版编目（CIP）数据

中国出版近代化研究：基于编辑学的视角 / 向敏著 .
济南：济南出版社，2024. 11.-- ISBN 978-7-5488
-6856-9

Ⅰ . G239.295

中国国家版本馆 CIP 数据核字第 20244KK114 号

中国出版近代化研究

ZHONGGUO CHUBAN JINDAIHUA YANJIU

向敏　著

出 版 人　谢金岭
责任编辑　陈玉凤
装帧设计　张　倩

出版发行　济南出版社
地　　　址　山东省济南市二环南路 1 号（250002）
总 编 室　0531-86131715
印　　　刷　济南鲁艺彩印有限公司
版　　　次　2024 年 11 月第 1 版
印　　　次　2024 年 11 月第 1 次印刷
成品尺寸　165mm×237mm　16 开
印　　　张　12.5
字　　　数　184 千字
书　　　号　ISBN 978-7-5488-6856-9
定　　　价　59.00 元

如有印装质量问题 请与出版社出版部联系调换
电话：0531-86131736

前　言

　　在近代百年中，中国出版业实现了从传统到现代的蜕变，主要标志就是资本主义生产方式在出版业中最终确立统治地位，学术界将这一过程称为出版近代化。出版近代化对理解近代出版业的现代性以及近代出版业的社会影响具有重要意义，是近代出版史研究中的一个重要课题。以往学者对于该问题的研究，无论是强调印刷技术的进步，经营管理的创新，还是强调出版市场的扩大，出版主体的变化，其出发点和重心依然是落在"产业"二字上，相对忽略了形成出版传播功能的编辑活动诸要素，当然这或许是受研究视角及学科特点所限。本书选择从编辑学的视角，考察编辑思想、编辑内容、编辑职业以及读者等要素的嬗变，及其对近代出版业诞生的作用和历史意义，以期对出版近代化及近代出版史研究有所裨益。

　　具体而言，本书主要分为七章。第一章主要就本研究的缘起、对象、现状及主要研究内容进行介绍。第二章主要研究了出版现代化发生的历史环境，从政治、经济、法律、教育、技术等五个方面进行阐述，指出上述环境因素中的新质及其对近现代出版业的影响。第三章研究了编辑思想在近代的变迁过程，包括编辑义利观的演进和启蒙思想在出版业的勃兴，前者使得近代出版具有了传统出版少有的逐利性，使得市场竞争日益激烈，后者则既推动了中国现代化的进程，又推动了出版业自身的发展。第四章研究了编辑内容的演变情况，从知识系统、书籍制度以及图书广告三个方面进行了比较分析。第五章研究了读者的变化情况，指出无论是数量还是阅读兴趣方面，近代与古代都有极大区别。第六章研究了编辑职业化的情况，指出编译所的流行是编辑职业化的重要条件，而编辑职业道德的形成也有利于现代出版业的发展。第七章主要分析了出版近代化对中国社会的影响。

　　本书的创新之处在于重视编辑、编辑思想、编辑内容、读者等编辑活动要素在出版近代化过程中的表现及作用，强调编辑思想转型在出版现代化过程中的作用。总体而言，作为一项出版史研究，本书能够深化读者对近代出版史的认识，丰富近代出版史研究的成果，为当今的编辑出版工作提供借鉴与参考。

目　录

第一章
绪论

一、研究背景

（一）研究缘起

1949 年 3 月，毛泽东离开西柏坡动身前往北京，他的身边除带了《史记》和《资治通鉴》两部史书外，还带了《辞源》（商务印书馆 1915 年版）和《辞海》（中华书局 1936—1937 年版）两部工具书。"前两种书是中国千年来印刷文化的杰出代表……而后两本书则标志着这两家现代工业化出版商对中国思想文化与政治的影响。与数十家上海的新型出版商一起，这两家公司塑造了现代中国的语言和思想。"[①] 出版业对社会与个人的作用往往是潜移默化的，深远而不张扬，一般人深受其惠却难识其价值及重要性。但对近代知识分子而言，他们对出版业的感受无疑深刻得多，复杂得多。一方面，"书贾阶级"的压榨与剥削让他们倍感痛苦："著作人的地位一变而为零卖商或受雇者，著作人受资本家剥削完全与体力劳动者同

---

①[美] 芮哲非：《古腾堡在上海：中国印刷资本业的发展（1876-1937）》，张志强、潘文年、郑毅等译，商务印书馆，2014，第 8 页。

其命运。……所以著作人不但是资本家营利的工具，而且作了资本家的挡箭牌。这又是何等的痛苦？"① 另一方面，出版业给予他们物质与精神支持，这又常使他们心怀感激。学者钱歌川就曾回忆说："我在开明书店出版了好几本书，博取虚名事小，预支到相当多的版税，对我当时初出茅庐的处境来说，帮助之大，无以复加。"② 当然，后种思想应当占据主流地位，诚如陈平原所言："绝大多数作者卖稿是为了'救穷'。'著书都为稻粱谋'，这已经够可怜的了，更何况书稿还不一定能卖得出去。理解现代文人这种生存状态，你就能明白书局在现代文化史上的巨大作用。"③

越来越多的学者开始关注中国近代出版业，一方面是因为它对近现代文化史贡献巨大，另一方面是因为它与中国社会各个领域联系密切。正如日本学者尾崎秀树所言："谈到出版，从出版机构、流通机构方面来看，这是一个牵涉到经济史、社会史的问题；从印刷、装订的工序方面来看，这是涉及技术史的问题；从书报检查、管制方面来看，这又是个政治、法政史的问题；进而从作者和出版社、作者和读者之间的联系来看，这又和公共交流的历史、大众心理的问题相连；谈到翻译、复印，这又涉及到国际间的文化交流的问题。在这种意义上可以说，书籍代表着一种综合性的文化形态。"④ 这种复杂性使得近代出版业成为尚待开采的学术"富矿"，吸引出版史、文学史、思想史、科技史等多个学科的学者前来挖掘。

从近代化的角度研究近代出版业，是近十年来兴起的一种学术思路。

---

① 《上海著作人公会缘起》，载叶至善等编《叶圣陶集》第18卷，江苏教育出版社，1994，第345-346页。
② 钱歌川：《回梦六十年》，《出版史料》1988年第1期。
③ 陈平原：《书札中的文人与书局》，《读书》1992年第6期。
④ [日]尾崎秀树著，池上正治译：《出版的近代化和日本与中国的文化交流》，《鲁迅研究月刊》1995年第11期。

近代化研究^①自 20 世纪 80 年代以来一直是中国人文社科研究领域的热点与亮点，相关著作与论文都称得上蔚为大观。^②即使进入 21 世纪，现代化研究依然被认为有其特殊意义与价值。^③在这一学术浪潮的影响下，关于出版近代化的研究成果从无到有，由少渐多。不过，或许是受研究者学术视角及学科特点的限制，无论是从印刷技术、经营管理方面进行探讨，还是从出版市场、法律法规方面进行研究，按照现代出版产业的标准来衡量近代出版业，寻找蕴含其中的"现代性"成为研究者的惯常思路，他们对编辑诸要素在出版近代化中的表现与作用往往避之不谈，或者一笔带过，缺乏深入的探讨与研究。基于此，本研究选择从编辑学的视角，考察编辑思想、编辑内容、编辑职业以及读者群体等要素的嬗变及其对近代出版业诞生起到的作用，以期对出版近代化及近代出版史研究有所裨益。

（二）研究意义

司马迁在《报任安书》中曾说撰写《史记》的目的在于"究天人之际，通古今之变"，即从共时性与历时性的角度来探索历史发展规律。其实，任何历史研究都有此功能与意义。简而言之，本研究的意义主要包括两个方面：

一是对近现代出版史研究的意义。出版业作为近代社会网络中的节点，它与政治、经济、文化、教育、科技等各个方面都有着密切联系，也正因如此，近年来近现代出版史研究渐趋活跃，"从文学史、学术史、思想史的角

---

① 在探讨近代中国由传统农业社会向资本主义工业社会转型这一过程时，多数学者通用"近代化"与"现代化"两个概念。参见孙占元《中国近代化问题研究述评》，《史学理论研究》2000 年第 4 期。故本文在使用上述概念时也不加区别。

② 林被甸、董正华：《现代化研究在中国的兴起与发展》，《历史研究》1998 年第 5 期。

③ 路甬祥：《现代化研究具有战略性和全局性》，《科学新闻》2003 年第 9 期。

度切入出版史的研究，是近几年出版史研究中的一个重要取向"①。如果我们将中国出版近代史看作一条长河的话，那么上述从文学史、学术史、思想史不同学科进行的研究可看作对这条长河的若干支流进行观照，而学术界进行的出版现代化研究则是尝试探索这条长河的源头，具有追根溯源的意味。本研究试图在已有研究成果的基础上探究出版业现代转型的过程、机制以及对中国社会的影响，进而帮助人们加深对此段出版史的认识。

二是对当前出版工作的启示。观今宜鉴古，无古不成今。从小处来说，近代编辑出版大家的编辑思想与编辑方法，都可以为今天的编辑出版从业者提供借鉴与参考，例如著名出版人俞晓群 20 世纪 90 年代编辑"新万有文库"的灵感与创意来自王云五的"万有文库"，而近年来兴起的"民国老教材热""民国学术著作热"也不断提醒我们编辑出版人应该"回头看"。从大处而言，"且不说民国时期中国共产党领导的出版事业，是中华人民共和国出版业的源头；民国出版业积累下来的出版生产力，是新中国成立后各项出版活动开展的重要人力物力基础；就是民国时期市场主导的经营运作方式，亦可成为现代出版企业可资取法的重要历史资源"②。特别值得一说的是，出版行业正在积极推进出版产业化发展进程，已具产业特征的近代出版业无疑是极好的参考对象，这也使得本课题研究更具现实价值。

二、研究现状

（一）基础史料搜集

傅斯年曾说"史学便是史料学"，此言虽常遭人批评，但史料在历史

---

① 吴永贵：《2000—2005 年中国出版史研究综述》，《出版科学》2006 年第 6 期。
② 王余光、吴永贵：《中国出版通史·民国卷》，中国书籍出版社，2008，第 1 页。

研究中的重要性由此可见一斑，史料是历史研究的基础，历史研究者研究历史，离开史料寸步难行。改革开放以来，有关出版近代化的史料整理与出版成果十分丰硕，具体而言主要包括综合性出版史料、近现代出版机构（人）的个案史料、书目等三类。

1. 综合性出版史料

这一方面最具代表性的成果就是张静庐辑注的《中国近现代出版史料》[①]，这部史料集共7编8册，全书约250万字，收录了1862年至1949年间我国出版事业的重要资料，包括图书、报刊、印刷技术、出版法令等，对我国近现代出版史研究极具参考价值，甚至可以说奠定了近现代出版史研究的基础。其次具代表性的是宋原放主编的《中国出版史料》，该套史料集共9卷15册，其中近现代部分8卷13册（《中国出版史料·近代部分》3卷3册，《中国出版史料·近代部分·补卷》2册，《中国出版史料·现代部分》3卷5册，《中国出版史料·现代部分·补卷》3册），收录自1815年至1999年的有关书刊编辑、出版、印刷、发行及其相关背景说明的史料。虽然该套史料集同张静庐辑注的《中国近现代出版史料》在某些地方有所重复，但它收录了许多前书未曾收录的资料，仍然具有长期参考价值。

近十年来，有关近代出版史料的搜集与整理方面又有新成果、新突破，举其重要者而言，一是由刘洪权整理编纂的《民国时期出版书目汇编》（全

---

①《中国近代出版史料初编》由上杂出版社1953年10月出版，《中国近代出版史料二编》由中华书局1957年12月出版，《中国现代出版史料甲编》由中华书局1954年12月出版，《中国现代出版史料乙编》由中华书局1955年5月出版，《中国现代出版史料丙编》由中华书局1956年3月出版，《中国现代出版史料丁编》由中华书局1959年11月出版，《中国出版史料补编》由中华书局1957年5月出版。鉴于这套史料集的重要性及出版年代较早，印数极其有限，上海书店出版社于2003年12月以《中国近现代出版史料》为名重新影印出版。

20 册）出版①，该书收录近代 84 家出版机构 147 种营业书目，90% 以上属于首次影印出版，具有很高的史料价值。该书除收录商务印书馆、中华书局、世界书局、大东书局、开明书局这样一些民国时期大书局的书目外，还收集了像锦文堂、九州岛、千顷堂、鸿文书局、有正书局这样一些中小书局的营业书目，有助于研究者进一步研究民国中小书局经营状况，深入了解近代出版业的生态环境。二是由吴永贵编纂的《民国时期出版史料汇编》（全 22 册）②，该书内容丰富，包含信息量极大，特别是它系统收录了民国时期 40 多家出版机构的史料，包括商务、中华、世界、大东、开明及三十多家中小书局平时难得一见的资料。除出版机构史料外，该书还拓宽了出版史料收集的边界，题材更加丰富多样，既有涉及出版经营的法律法规，也有涉及行业管理的书业公会资料，还有各种出版行业性刊物及出版物目录。

除此之外，随着数字出版的迅猛发展，近代出版史料数字化工作也如火如荼地展开，今天的出版史料搜集与整理工作同以往相比，进展可谓一日千里。其中，尤以上海图书馆建设的"晚清民国期刊全文数据库"（包含从 1833 年至 1911 年间出版的 300 余种期刊、28 万余篇全文，1911 年到 1949 年出版的 9500 种期刊、479 万余篇全文），国家图书馆建设的"民国期刊"数据库（现提供 4351 种期刊电子影像的全文浏览），由中美两国投资、浙江大学承建的"中美百万册数字图书馆"（计划将 50 万种英文图书、50 万种中文图书数字化，其中包括民国时期图书）等数据库规模最为庞大，成绩最为突出，对近代出版史研究也最为重要。另外，

---

① 刘洪权：《民国时期出版书目汇编》，国家图书馆出版社，2010。
② 吴永贵：《民国时期出版史料汇编》，国家图书馆出版社，2013。

一些网络科技公司开发的诸如"《申报》全文数据库"（收录《申报》上海版、汉口版及香港版 3 种 27534 号）、"大成老旧刊全文数据库"（收录清末及民国近 80 年间在中国出版的期刊 7000 多种、14 余万期）等也都存储了大量出版史料，为近代出版史研究提供了方便。

2. 近现代出版机构（人）的个案史料

出版机构方面，商务印书馆、中华书局等少数大型书局是搜集、整理与出版史料的主要承担者。如商务印书馆，作为中国近代最大的出版机构，历来重视对相关经营情况的记载，或为存照，或为宣传。在《创立三十周年商务印书馆志略》出版之后，商务印书馆对《商务印书馆志略》的出版基本保持常态化，目前存有民国十七年（1928 年）、民国十八年（1929 年）等年度的《志略》，这些《志略》较为详细地介绍了商务印书馆的创立经过、组织情况、资本情况、出版情况，为研究商务印书馆提供了许多一手资料。1932 年，"一·二八事变"中，商务印书馆遭日寇轰炸和纵火焚烧，损失惨重。商务印书馆曾出版《上海商务印书馆被毁记》，记载了商务印书馆和东方图书馆的被毁经过及损失。1934 年出版的《商务印书馆复业后概况》则介绍了"一·二八事变"之后商务印书馆取得的成绩，内容丰富且详细。此外，商务印书馆还出版了《同德》《编辑者》《商务印书馆通信录》等同人刊物，以及《商务印书馆同人服务待遇规则汇编》《商务印书馆规则汇编》等文件汇编，这些都有助于学术界深入了解商务印书馆的具体管理情况。自 20 世纪 80 年代以来，商务印书馆又出版了《商务印书馆图书目录（1897—1949）》，收录了民国时期商务印书馆出版图书的信息，还出版了《商务印书馆九十年》（1987 年）、《商务印书馆九十五年》（1992 年）、《商务印书馆一百年》（1998

年）、《商务印书馆一百一十年》（2009年）等四部纪念集。值得一提的是，这些纪念集收录了商务印书馆同人及有关作者的回忆性文章，颇有"口述史"的味道，对商务印书馆及近代出版业研究具有独特价值。

再如中华书局，中华书局曾在1915年出版过《中华书局三年记略》，主要内容包括中华书局创设经过，以及企业三年来各方面的情况。此后，中华书局基本上每年都会出版《中华书局概况》，介绍本年度企业资本、组织、经营的基本情况。目前可见到的《中华书局概况》主要有1924年、1933年以及1936年等年份的。中华书局还出版过《出版月刊》，《出版月刊》虽属行业性刊物，但中间有许多关于中华书局的广告与信息，爬梳剔抉，能加深读者对中华书局的认识。20世纪80年代以来，中华书局曾先后出版《回忆中华书局》《我与中华书局》《陆费逵与中华书局》，收录中华同人以及相关作者的回忆性文章，出版的《中华书局图书总目（1912—1949）》《中华书局百年总书目（1912—2011）》收录了民国时期图书出版的相关信息。

除此之外，大东书局曾出版过《大东书局十五周年纪念册》（1931年）、《大东书局之过去情况和今后计划》（1933年），世界书局则出版过《世界书局成立十年纪念特刊》（1927年）、《世界社、世界书局与世界学典》（1946年），开明书局出版过同人刊物《开明》《明社消息》，国立编译馆出版过《国立编译馆一览》《国立编译馆工作概况》等，生活·读书·新知三联书店出版过《生活·读书·新知三联书店成立三十周年纪念集》《生活·读书·新知革命出版工作五十年纪念集（1932—1982）》《我与三联：生活·读书·新知三联书店成立六十周年纪念集》《生活·读书·新知三联书店文献史料集》，生活书店有《店务通讯》，亚东图书馆有汪原放的《回忆亚东图书馆》……尤其值得一提的是朱联保编撰的《近现代上海出版业印象记》①，该书记录了上海近现代史上近600家出版单位以及一些出版人的情况。作者自1921年起就在上海图书出版业工作，对上海书业的情况相当熟悉，这些关于书店及出版人的回忆在其他地方很难见到。

出版人物方面，史料搜集与整理主要集中在张元济、王云五、陆费逵、叶圣陶、鲁迅、邹韬奋、郑振铎、巴金、丰子恺、冯雪峰等少数人物上，这与出版史研究的热点保持一致。② 例如，关于张元济的史料除去以往出版的日记、书札、著作之外，近年又有《张元济全集》出版，关于王云五的史料包括《王云五全集》（全20册）、《王云五先生年谱初稿》，关于陆费逵的史料有《教育文存》《青年修养杂谈》《陆费逵教育论著选》《陆费逵文选》等，关于叶圣陶的史料有《叶圣陶集》（全26卷），关于鲁迅的史料有新版《鲁迅全集》（全18卷），关于邹韬奋的史料有《韬奋全集》，关于郑振铎的史料有《郑振铎全集》，等等。尽管上述某些"全集"或在文章收集上有所遗漏，或在编校质量上不尽如人意，但是这种集成式的资料对研究确实起到了推动作用，这一点可从近现代出版史研究的论文中看出。除此之外，诸如《蒋维乔日记》《王伯祥日记》《赵南公日记》等近代编辑出版者的日记陆续出版，也为中国近代出版史研究提供了新的史料。如蒋维乔所记日记始于光绪丙申年（1896）九月初二，止于1958年其去世前数月，前后延续长达63年，对早期商务印书馆编译所的编译工作、人际交往、馆内大事都有较为详细的记录。再如王伯祥所记日记自1924年起，至1975年止，中间除1941年底到1942年初日军侵入上海租界的60天以

---

① 朱联保：《近现代上海出版业印象记》，学林出版社，1993。
② 完颜绍元：《民国上海出版人物的传记书写与相关研究》，《编辑学刊》2013年第5期。

及 1966 年 8 月 31 日至 1973 年 2 月 3 日两段时间外，其他多是逐日而记，从未间断。王伯祥先后在商务印书馆、开明书店等出版机构工作多年，他的日记对研究商务印书馆、开明书店以及民国时期出版史都大有帮助。

3. 书目

晚清时期的图书书目主要包括新学书目、官书目以及各类营业书目。晚清时期新学书目数量不少，其中比较重要的包括傅兰雅《江南制造总局翻译西书事略》（1880）、梁启超《西学书目表》（1896）、康有为《日本书目志》（1898）、黄庆澄《中西普通书目表》（1898）、徐维则《东西学书录》（1899）[①]、赵惟熙《西学书目答问》（1901）、《新学书目提要》（1903—1904）、顾燮光《译书经眼录》（1904）、《中国学塾会书目》（1903）、《广学会译著新书总目》（时间不详）。上述书目主要覆盖1905年之前的新学出版情况，1905—1911的新学书籍出版情况虽然尚未出现完整的书目，但研究者可以参考台湾"中央大学"图书馆编《近百年来中译西书目录》、谭汝谦编《中国译日本书综合目录》（1980）、周振鹤《晚清营业书目》等获取相关信息。[②]官书书目主要有朱士嘉编《官书局书目汇编》，营业书目则属周振鹤《晚清营业书目》最为突出。

民国书业的书目，以新中国成立后编纂的《民国时期总书目》[③]（以下简称《总目》）收录图书最为完整。该《总目》共 21 分册，收录1911—1949 年间各类中文图书 12.4 多万种，收书率约为 90%。"《总目》以三家图书馆藏书为基础，对每种书以亲见为原则所作的详细著录，可以

---

① 该书后来增补为《增版东西学书录》，1902 年出版。
② 熊月之：《晚清新学书目提要》，上海书店出版社，2014，第 1—10 页。
③ 北京图书馆编：《民国时期总书目》全 21 册，书目文献出版社，1986—1995。

说是第一手资料。不仅具有全国的代表性，而且有一定权威性，是对民国时期作全面研究的重要学术工具书。"① 此外，亦有一些图书馆对所藏近代图书书目进行整理和出版，例如《美国哈佛大学哈佛燕京图书馆藏民国时期图书总目》辑录 2009 年 9 月 24 日之前该馆收藏并编目的民国时期（1912—1945）图书凡 40236 种，包括纸本图书和缩微资料。《天津社会科学院图书馆珍贵馆藏图书目录（民国卷）》收录文献信息约 14000 条，以 1911—1949 年间我国出版的中文图书为主，同时还有一些同时期的信函、拓片、地图等文献以及少量清末出版的非古典装帧的图书。除这些总目外，各种单科书目也大量涌现。如按历史时段与地域划分，有《解放区根据地图书目录》《抗日战争时期出版图书联合目录》《河南省志·著述志》《河北省志·著述志》《湖南省志·著述志》《民国时期江苏版图书书目》《南京文献综合目录》《苏州民国艺文志》等。如按专业学科分，法律方面有《中国法律图书总目》，文学方面有《中国现代文学书目汇要》《中国文言小说总目提要》《中国通俗小说总目提要》《新编增补清末民初小说目录》《二十世纪中国小说理论资料》《中国现代文学总书目（1917—1949）》，体育方面有《百年中文体育图书总汇》，教科书方面有《中国近代中小学教科书总目》，等等。在期刊方面，则有《五四时期期刊介绍》《1833—1949 全国中文期刊联合目录》《辛亥革命时期期刊介绍》《中国现代文学期刊目录汇编》《上海图书馆馆藏近现代中文期刊总目》《抗战时期期刊介绍》等等。②

---

① 邱崇丙：《〈民国时期总书目〉述评》，《北京图书馆馆刊》1995 年第 1-2 期。

② 相关书目信息参看范军《中国出版文化史研究书录（1978—2009）》（河南大学出版社，2011），以及发表在《出版科学》上的 2010—2012 年间"出版史研究论著目录"。

（二）多维度的出版近代化研究

在资料搜集的基础上，学术界也对近现代出版业展开了广泛而深入的研究。我国学术界关于出版近代化的研究成果，明显体现出多学科、多维度的特征。

1. 出版行业史研究

自 20 世纪 80 年代以来，基于行业视角的近代出版史研究著作越来越多。早期如中国出版科研所编就的《中国近代现代出版史学术讨论会文集》《新民主主义革命时期出版史学术讨论会文集》《近现代中国出版优良传统研究》等论文集，一方面既是成果总结，另一方面又推动了近现代出版史的研究发展。王余光的《中国新图书出版业初探》及《中国新图书出版业的文化贡献》是较早涉及近现代出版业的专著，两书追溯新出版业的形成，探讨图书主题发生的变化，虽未明确提出"出版近代化"概念，但讨论的内容显而易见涉及出版近代化问题。进入 21 世纪，关于出版近代化转型的成果更见繁多，如叶再生的《中国近代现代出版通史》，该书皇皇四大卷，研究了从 19 世纪早期到 1949 年间的出版历史。由于作者长期从事出版管理工作，且留心收集相关出版史料，因此该书常为学者所引用与借鉴。2008 年出版的《中国出版通史》涉及近现代出版业的主要有两本，一是汪家熔编写的晚清卷，一是王余光、吴永贵两位合撰的民国卷。在晚清卷中，作者详细描述了近代出版的新质是如何在书籍内容、书籍品种、发行方式等方面得到体现的，而民国卷则更为详细地探讨了民国出版业的现代特征。尤其值得一提的是吴永贵的《民国出版史》，作为《中国出版通史》民国卷的改进，该书撇开报刊不讲，只关注图书行业，是一本地地道道的图书出版史著作。作者深刻而全面地研究了出版近代化转型问题，首章从出版近代化的分期、出版力量的变迁、出版近代化转型的内外部因素等方面进行讨论，后续各章则深入探讨这一转型进程中出版机构、出版人物、经营管理、法律法规、出版品种及中国共产党领导下的出版事业等方面的情况。

论文方面，北京大学博士邓咏秋所撰的博士论文《中国出版业现代化研究：1800—1949》[①]是这一方面的重要成果，这也是笔者见到的以"出版近代化（现代化）"为题的第一篇博士论文。作者分析中国出版业现代化的背景后，着重从"图书流通体系的现代化""出版技术的现代化""现代出版法律的形成""现代出版企业制度的形成""出版业同业组织的现代化""现代编辑出版家的形成"等方面进行探讨，最后一章"出版业现代化对出版物的影响"揭示了中国出版业现代化对出版物数量和类目的影响。这篇论文与本研究关注的问题近乎一致，不过两者在研究视角及方法上有较大差异。

此外，在出版近代化研究中，翻译是绝对绕不开的研究主题。这一方面的代表性研究成果当属熊月之的《西学东渐与晚清社会》，作者以1811—1911年间的西书翻译为研究对象，将这百年时间划分为四个阶段，总结各个阶段的译书特点，并且归纳出这百年间翻译事业的五大主题，即了解世界、求强求富、救亡图存、民主革命、科学启蒙。作者收集的材料丰富异常，爬梳考证细致入微，该书出版20多年后，在这一领域的研究尚未有出其右者。而邹振环《20世纪上海翻译出版与文化变迁》[②]从某种意义上说是熊氏《西学东渐与晚清社会》的续篇，作者将翻译的时段限定

---

① 邓咏秋：《中国出版业现代化研究：1800—1949》，国家图书馆出版社，2016。

② 邹振环：《20世纪上海翻译出版与文化变迁》，广西教育出版社，2000。

为清末民初到 20 世纪末，正好也是一百年。该书与近现代出版业相关的内容主要是第一章至第六章，即从晚清到 1949 年间的翻译事业发展情况。

基督教传教士、洋务派知识分子以及后期的民营出版企业是推动出版近代化转型的主要力量，学术界对此均有相关研究。如基督教传教士的出版活动，目前可见有何凯立《基督教在华出版事业（1912—1949）》①、陈林《近代福建基督教图书出版考略》②、陈建明《激扬文字 广传福音：近代基督教在华文字事工》③、胡国祥《近代传教士出版研究》④ 等等。洋务派知识分子的出版活动中，关于江南制造局翻译馆或京师同文馆等的研究较多且较深入，关于官书局的研究相对较少，目前仅见邓文锋的《晚清官书局述论稿》⑤ 对该内容进行了较为细致的研究。该书分为五章，第一章主要描述近代图书的出版特征，第二章主要讲官书局之缘起，第三章主要研究官书局内部结构、人员及管理情况，第四章主要研究官书局的刻书事业，第五章主要研究官书局的历史地位与作用。黄林《晚清新政时期图书出版业研究》⑥ 将目光聚焦于晚清新政这一新出版业萌芽时期，研究了晚清新政对中国出版业的推动作用，勾勒了这一时期民族图书出版业的发展概况，研究了晚清新政时期的出版立法、图书市场、图书发行等方面的问题。新政之后，研究民营出版机构者甚多，特别是关于商务印书馆、中华书局等少数大型民营出版企业的研究著作和论文可谓浩如烟海。关于商

---

① [美] 何凯立：《基督教在华出版事业（1912—1949）》，陈建明、王再兴译，四川大学出版社，2004。

② 陈林：《近代福建基督教图书出版考略》，海洋出版社，2006。

③ 陈建明：《激扬文字 广传福音：近代基督教在华文字事工》，广西师范大学出版社，2012。

④ 胡国祥：《近代传教士出版研究》，华中师范大学出版社，2013。

⑤ 邓文锋：《晚清官书局述论稿》，中国书籍出版社，2011。

⑥ 黄林：《晚清新政时期图书出版业研究》，湖南师范大学出版社，2007。

务印书馆的研究多不胜数，进入 21 世纪之后具有典型性的研究著作有王建辉《文化的商务》（2000 年）、李家驹《商务印书馆与近代知识的传播》（2005 年）、史春风《商务印书馆与中国近代文化》（2006 年）、王学哲《商务印书馆百年经营史（1897—2007）》（2010 年）等等。

2. 出版近代化与近现代政治研究

出版具有政治功能，人们或通过出版报刊来宣传思想，或通过民众动员来革新社会，因此学术界考察出版与近现代政治关系的论著较多。如洪九来《宽容与理性：〈东方杂志〉的公共舆论研究（1904—1932）》，主要是对 1904—1932 年间的《东方杂志》进行考察，"涉及办刊人员及办刊理念流变、刊物作者群体的构成和基本倾向，从政治秩序转换中的理性主义、社会变革进程中的渐进主义、纳入世界格局中的民族主义、中西文化冲突中的调和主义、新旧文学嬗变中的现实主义、古今学术流变中的进步主义等不同角度，展示了《东方杂志》如何依靠一批固守着理性、宽容、多元、渐进、调和等基本价值观念的知识分子，构造了一个温和的自由主义公共空间"[1]。近些年类似研究明显增多，例如吴静的《〈学灯〉与五四新文化运动》（2013 年），周佳荣的《开明书店与五四新文化》（2009 年），潘艳慧的《〈新青年〉翻译与现代中国知识分子的身份认同》（2008 年），张宝明的《多维视野下的〈新青年〉研究》（2007 年），等等。论文方面，刘增合《媒介形态与晚清公共领域研究的拓展》、方平《清末上海民办报刊的兴起与公共领域的体制建构》、吴燕《晚清上海印刷出版文化与公共领域的体制建构》、崔涛《晚

---

[1] 洪九来：《宽容与理性：〈东方杂志〉的公共舆论研究（1904—1932）》，上海人民出版社，2006，《序》第 2 页。

清的上海公共领域——以翻译出版为中心的考察》等俱是代表性文章。

3. 出版近代化与近现代文学研究

自 20 世纪 80 年代以来，报刊研究、传媒研究在文学史研究界逐渐流行开来，相关思路和方法在《批评空间的开创：二十世纪中国文学研究》[①]《大众传媒与现代文学》[②]《中国现代文学期刊史论》[③]《大众媒介与中国现当代文学》[④]《都市文化与中国现当代文学》[⑤] 和《文人集团与中国现当代文学》[⑥] 等六部论文集中表露无遗。以《大众媒介与中国现当代文学》一书为例，该书收录了李欧梵《"批评空间"的开创（节选）——从〈申报·自由谈〉谈起》、陈平原《思想史视野中的文学——〈新青年〉研究》、王晓明《一份杂志和一个"社团"——重识"五四"文学传统》、刘震《〈新青年〉与"公共空间"——以〈新青年〉"通信"栏目为中心的考察》等 25 篇文章，从文章题目中我们可以大致判断其研究思想与路径。近些年来，从出版的角度切入文学研究成为许多文学史研究者的基本思路和方法。就笔者视野所及，近几年相关著作有《〈东方杂志〉与现代中国文学》[⑦]《上海出版业与三十年代上海文学》[⑧]《认同与互动——五四新文学出版研究》[⑨]《现代出版与 20 世纪 30 年代文学》[⑩]《左翼文学运动的兴

---

① 王晓明主编：《批评空间的开创：二十世纪中国文学研究》，东方出版中心，1998。

② 陈平原、[日] 山口守编：《大众传媒与现代文学》，新世界出版社，2003。

③ 刘增人等：《中国现代文学期刊史论》，新华出版社，2005。

④ 程光炜主编：《大众媒介与中国现当代文学》，人民文学出版社，2005。

⑤ 程光炜主编：《都市文化与中国现当代文学》，人民文学出版社，2005。

⑥ 程光炜主编：《文人集团与中国现当代文学》，人民文学出版社，2005。

⑦ 王勇：《〈东方杂志〉与现代中国文学》，中国社会科学出版社，2014。

⑧ 冉彬：《上海出版业与三十年代上海文学》，上海文化出版社，2012。

⑨ 路英勇：《认同与互动——五四新文学出版研究》，安徽文艺出版社，2004。

⑩ 秦艳华：《现代出版与 20 世纪 30 年代文学》，山东人民出版社，2008。

起与上海新书业（1928—1930）》①等十余部。以《上海出版业与三十年代上海文学》为例，作者首先研究了都市发展与现代出版业的繁荣，其次研究了 20 世纪 30 年代出版业与文学的发展，再次选择了鲁迅、林语堂、赵家璧、邵洵美等四人为个案考察作家与出版的关系，最后总结了出版业与 20 世纪 30 年代文学发展的关系，不难看出其中极浓的"出版史"味道。

纵观近些年来的出版近代化研究，有两个特征极为明显：

第一，研究者在研究内容上基本达成共识。随着近代出版史研究的蓬勃发展，关于出版近代化问题的探讨也更加深入，例如王建辉的《出版与近代文明》一书，收录了作者长期以来对出版近代化问题思考的成果，诸如出版近代化的定义、出版近代化的内容、出版近代化的环境、出版近代化的影响等等。②张积玉对编辑出版现代化所下的定义获得学术界的广泛认可，他认为编辑出版现代化是一个有机、动态的过程，以编辑出版工业化、商品化为表征，具体包括社会现代化进程的启动、先进出版技术的应用、编辑主体（人）的现代化、现代出版管理制度的确立、现代出版物类型的出现等五项基本内容。③肖东发等认为中国出版近代化转型包含印刷技术、出版物形制、出版物内容、出版物类型、出版机构、出版观念、出版管理、

---

① 刘震：《左翼文学运动的兴起与上海新书业（1928—1930）》，人民文学出版社，2008。

② 王建辉：《出版与近代文明》，河南大学出版社，2006。

③ 编辑出版现代化"它指的是由前现代的（或传统的）编辑出版业向现代的编辑出版业的变革过程，它强调的是淡化前现代传统，实行改革开放，使欠发达的社会通过学习追赶获得较发达社会编辑出版所共有的特征。编辑出版现代化以社会现代化运动为基础，以编辑出版技术手段的现代化为支撑和前提，以编辑出版主体——人的现代化为关键，以编辑出版管理的现代化为保证，以编辑出版物的具有现代化特征为结果；它是一个影响深巨的全面、系统、长期、复杂的变革过程：从技术到管理，从主体到客体，从思想到物质，无一不包含在现代化变迁的大框架之内，无一不互相牵动、扭结、交织，构成一个有机的整体，并纳入到统一的世界现代化运动之中，经受其洗礼和塑造而显现出现代性色彩"。参见张积玉：《编辑学论稿》，中国社会科学出版社，2004，第 46 页。

著作群体、出版交流以及出版社会作用等十个方面的变革。[①]吴永贵也认为，影响出版近代化的内外部因素除了教会出版和译书官局的翻译出版活动以及出版新技术的广泛应用之外，还有出版市场的扩容、著译队伍的壮大、知识分子的出版职业化、版权制度的建立、经营管理的创新、出版观念的转变、政府政策的导向、商业流通的改善等八项内容。[②]史春风在《商务印书馆与中国近代文化》中专门辟出一节讨论晚清出版业的近代化问题，他认为近代出版的诞生，除了"印刷设备的机械化，出版内容的推陈出新，出版与销售规模的形成"等要素之外，还必须具备"富于出版理想，明确社会责任的资本主义性质的民营出版企业的兴起"，"必须形成和拥有一批具有新的知识结构，以积极的态度参与和从事出版事业，以出版寄托自己人生信念的新型知识分子群体"，"出版物对社会思潮与文化变革产生强有力的推动，引领时代思潮"等三个条件。[③]总体而言，研究者在出版近代化的定义及内涵上基本达成共识，即认为出版近代化是从传统出版走向现代出版的过程。这个过程是社会近代化这个大过程中的一部分，因而它既受社会近代化的影响，同时又反过来影响社会近代化过程。在这个近代化转型的过程中，出版主体、出版市场、出版内容、出版形态、出版技术、出版思想、出版经营、出版法规等等涉及现代出版产业的要素都应被纳入研究者的考察范围。

第二，跨学科研究趋势明显。传统的出版史研究主要围绕"出版"这个核心，考察近代出版业中的编辑、印刷及流通等环节，分析编者、读者、

---

① 肖东发、杨虎、刘宝生：《论晚清出版史的近代化变革与转型》，《北京联合大学学报（人文社会科学版）》，2008 年第 2 期。

② 吴永贵：《论我国出版业近代化转型的内外部因素》，《济南大学学报（社会科学版）》2008 年第 3 期。

③ 史春风：《商务印书馆与中国近代文化》，北京大学出版社，2006，第 14–15 页。

作者等因素的价值以及探讨最终产品（书刊）的特点、影响与历史地位，这是出版史研究的通行做法。近年来，其他学科的研究者进入出版史研究领域，将心理学、统计学、传播学、政治学、社会学等学科方法带到出版史研究中来，相关研究成果确实给人一种别开生面之感。仅以文献计量学方法的应用为例，如何姣、胡清芬通过考察《民国时期总书目》各卷中收录的心理学图书，从图书年出版量、编译著比较、地区出版数量差异、分支学科图书出版四个角度考察民国时期心理学在中国的发展状况。[④] 再如张培富和夏文华也曾利用《民国时期总书目》，对该书各卷收录的化学类书籍进行考察，选择 1912—1949 年间在中国出版的各类化学书籍，从年出版数量、编译著数量对比、出版数量的地域差异等三个方面进行比较，并探讨现象背后的原因。[⑤]

在跨学科研究中，西方理论对研究者影响很大，特别是德国思想家哈贝马斯的公共领域理论、美国社会学家本尼迪克特·安德森的民族主义理论以及法国文学家布迪厄的"文化场"理论，上述理论的影响在国内相关学术作品中留下了明显的痕迹。以民族主义理论为例，张仲民的《出版与文化政治：晚清的"卫生"书籍研究》通过考察晚清文化市场上出版的"卫生"书籍，揭示了晚清时期"卫生"书籍的畅销不仅取决于出版商的包装宣传，还与当时强国、强种的大语境密切相关，出版业与文化政治相互勾连，互相促进，最终使得各方得偿所愿。[⑥] 再如李孝迁、王应宪《"制造国民"：

---

④ 何姣、胡清芬：《出版视阈中的民国时期中国心理学发展史考察——基于民国时期心理学图书的计量分析》，《心理学探新》2014 年第 2 期。

⑤ 张培富、夏文华：《书籍史视阈中的中国近代化学发展史考察——基于"民国"时期出版的化学著作的计量分析》，《山西大学学报（哲学社会科学版）》2007 年第 4 期。

⑥ 张仲民：《出版与文化政治：晚清的"卫生"书籍研究》，上海书店出版社，2009。

晚清民初教科书的政治诉求》一文，其中心思想就是通过教科书来考察晚清国民思想的宣传与传播，以及民众的反应。这些都是运用跨学科方法进行出版史研究的典型例证。[①]

三、研究内容

（一）基本概念

本研究主要关注中国出版近代化问题，在此有必要先对"出版近代化"概念进行界定与解释。

"出版近代化"这一术语旨在描述中国出版业从传统出版向现代出版转型的过程，"它指的是由前现代的（或传统的）编辑出版业向现代的编辑出版业的变革过程，它强调的是淡化前现代传统，实行改革开放，使欠发达的社会通过学习追赶获得较发达社会编辑出版所共有的特征"[②]。因此这一术语"它不完全是一个历史分期层面上的概念，更多地还是寓指近代出版所产生的不同于传统出版的新质。技术的新手段，经营的新方式，出版物的新内容，出版观的新调整，出版职业的新确立，出版体制的新变迁，出版布局的新转移，出版文化的新递演等，都是出版近代化内涵中的重要元素"[③]。

如同"近代化"概念在史学界的使用并未全面达成共识一样，虽然研究者在"出版近代化"这一术语主要用来描述中国出版业从传统出版向现代出版转型上达成了共识，但是在细节方面依然不乏争论，例如出版近代

[①] 余伟民、刘昶：《文化和教育视野中的国民意识：历史演进与国际比较》，上海辞书出版社，2012，第268-306页。

[②] 张积玉：《编辑学论稿》，中国社会科学出版社，2004，第46页。

[③] 吴永贵：《民国出版史》，福建人民出版社，2011，第1页。

化（近现代出版史）的时限问题，再如"出版近代化"与"出版现代化"的关系问题。因此笔者对这一概念做两点说明：

首先是"出版近代化"的时限。近代化的时限与近代史的分期是同一个问题，学术界普遍认为1840年是中国近代史的起点，但是对中国出版史而言，如果严格按照此种方式进行划分则无法将更多的出版近代化事件及元素包含其中，比如基督教传教士的出版活动对中国出版业产生过巨大而深远的影响，其开端远在1840年之前。因此，笔者赞同叶再生先生的观点，出版史的分期问题"它不是单纯地以时间远近而随意地在历史长河上划一条线所能解决的。必须科学地找出现代化出版形成的条件，它的特点、标准，以及它与古代出版史的本质区别"[1]。按照叶先生的意见，"中国近代出版史的上限，宜定于19世纪初叶，发轫于马礼逊等基督教新教传教士来华并传入了铅活字排版、机械化印刷技术，在中国大地上出现了第一个以铅活字排中文、机械化印刷的现代概念的出版社。……以新中国的成立这件历史大事作为中国近代出版史的下限"[2]。本研究以1811年作为近代出版史的上限，主要是因为这一年来华传教士马礼逊在广州出版了《神道论赎救世总说真本》，这是近代史上第一本中文西书，虽然只是一本普通宗教类的书，但由此"揭开晚清西学东渐的序幕"[3]。

其次是"现代化"和"近代化"概念的关系。严格意义上而言，"现代化"和"近代化"是有区别的，尤其是在所指的时段方面"现代化"无疑要比"近代化"长，"我们今天所使用的'现代化'一词，其实是包括了两个步骤

---

[1] 叶再生：《中国近代现代出版通史》第一卷，华文出版社，2002，第1页。

[2] 叶再生：《中国近代现代出版通史》第一卷，华文出版社，2002，第9-10页。

[3] 熊月之：《西学东渐与晚清社会》，上海人民出版社，1994，第7页。

在内的，第一步是'近代化'，待到'近代化'已告完成之后，便是下一个阶段，即'现代化'"①。虽然有学者认为"近代化"术语源自日本史，或是对西文"现代化"的误译，建议用"现代化"取代"近代化"，以规范两词的使用②，但是从实际情况来看，学术界尤其是近代史研究者对"近代化"和"现代化"术语的使用区分并不严格，因此笔者也不对"近代化"和"现代化"术语进行严格区分。

（二）主要内容

本研究主要探讨出版近代化的历史环境、行业因素以及转型表征。具体而言，分为七章：

第一章主要就本研究的缘起、对象、现状及主要内容进行介绍。

第二章主要研究中国出版近代化的宏观环境。出版业的近代化转型是一系列历史因素造成的结果。政治方面，西方列强以武力迫使清政府打开国门，并通过条约制度使中国一步步丧失主权，沦为半殖民地半封建社会。在这个过程中，西方基督教传教士的"文字事工"、国人学习西方的努力以及民族救亡的压力等等因素，使得中国出版业拥有了新的元素及特征，诸如新式出版机构的出现与发展、出版内容的革新、出版物形态的革新以及出版格局的调整。经济方面，股份制公司形式在近代的流行以及在出版业中的应用，为中国出版企业的快速扩张及向现代出版企业转变提供了制度条件，稿费制度的确立极大地激发了人们的创作热情，为出版业解决了稿源问题。法律方面，以《大清著作权律》为代表的近代著作权法的颁布

---

① 何兆武：《古代与近代——思想与历史》，载《何兆武学术文化随笔》，中国青年出版社，1998，第15—16页。

② 罗荣渠：《现代化新论——世界与中国的现代化进程》，北京大学出版社，1993，第7页。

改变了以往版权保护依靠官府布告的方式，提升了版权保护的深度与广度，为近代出版业发展提供了更好的法律环境。教育方面，近代新式教育的兴起，一方面扩大了出版市场，壮大了编辑队伍，另一方面赋予出版业新的社会功能。技术方面，以机器印刷为代表的近代印刷技术使得出版成本降低，出书及设立出版机构愈发容易，技术的进步也使以往不曾有过的出版品种在近代诞生，而印刷技术的改进也强化了专业分工，促使职业编辑出现。

第三章主要研究编辑思想近代化的过程及其对出版近代化的影响与作用。本研究从编辑义利观和启蒙思想两个方面来阐述，古代编辑义利观以传统义利观为基础，讲究重义轻利、重义舍利，到了近代，编辑义利观有了明显的变化，一方面出版人对"利"的追求更加公开化，另一方面绝大多数出版人强调编辑出版活动应该义利并重。编辑义利观的演进，一方面强化了近代出版人的市场意识、质量意识、人才意识，另一方面也推动了出版业的创新。启蒙思想在近代出版业中表现极为明显，如鸦片战争时期编辑界睁眼看世界，编译众多世界地理书籍，向国人展示世界其他国家与文明的情况，既开阔了国人的视野，也渐渐消解了中国社会根深蒂固的"华夷尊卑"观念。启蒙思想与出版业的耦合，一方面促使许多素有启蒙志向、热衷教育事业的知识分子投身出版业，如张元济所言"昌明教育平生愿，故向书林努力来"，另一方面也推动了民众读物出版事业的进步。

第四章主要研究编辑内容的近代化演变。本研究所指的编辑内容主要包括知识内容、书籍制度与图书广告三个部分。编辑内容的变化使得近代出版业在传统出版业基础上形成质的飞跃，主要表现为：知识内容从传统的"四部之学"向现代的"七科之学"改变，现代西方知识体系在中国学术界和教育界占有重要地位；书籍制度则从传统的卷轴装、册页装向近代的"洋装"转变，更适宜知识信息的阅读与传播；图书广告则由依赖自身向借助大众媒体转变，图书广告的功能与重要性日益凸显。

第五章主要研究近代读者变迁问题。"读者"是从图书营销角度来定义的，指不仅具有阅读能力以及阅读需求，而且具有购买欲望与购买能力的人群。本研究通过对识字率以及主要购买人群的考察，最终推测近代之前读者群体的数量大致为人口的 2%，消费品种主要包括与科举考试有关的书籍、休闲娱乐类书籍以及日常实用类书籍。近代读者群体的数量和质量无疑有了很大提高，具体表现是整个社会平均识字率达到 30%，以学生为代表的读者群体是近代出版业得以发展的关键因素，这一群体人数极为可观。读者群体的近代化演进除扩大了出版市场规模，促使畅销书现象出现之外，还使得针对特定读者群体的专业书刊及专业出版机构发展起来。

第六章主要研究近代编辑职业化现象。随着现代企业制度在出版业的广泛采用，出版企业也从传统的前店后场式的手工作坊向拥有一定规模及现代化生产水平的现代企业转变。出版企业内部分工日益细化，使得职业编辑出现。职业编辑的出现与编译所制度在近代的流行密切相关，在编译所中，知识分子的编辑活动不再是"兼职"而是"专职"，知识分子通过编辑工作实现生存与理想的统一。自编辑职业诞生之后，编辑界也逐步构建起了编辑职业道德规范体系，在处理编辑与作者关系、编辑与读者关系过程中确立了良好的行为准则。编辑职业化的实现，对出版业具有重要作用：有助于提高书刊产品的产量与质量；有助于新人在出版企业快速成长；有助于出版规则的形成。

第七章主要分析了出版近代化对中国社会的影响。

四、研究方法

本课题研究以问题为导向，主要采用了如下几种方法：

1. 文献分析法。历史学研究讲究用史料说话，正如傅斯年所强调的，"有一分材料说一分话"。在研究过程中尽可能多地搜集史料及相关研究著作，详加比勘，从中找出隐含的历史信息。

2. 历史比较法。本研究的一个主要思想是将近现代出版业同古代出版业进行比照，从中找出二者的差异，或者说发现存在于近现代出版业中的新质，进而追踪该新质萌芽、发展的原因及过程。

3. 跨学科研究方法。出版近代化研究至少跨越了出版学、史学及社会学三门学科，借鉴相关学科的概念及研究方法，对中国出版业从传统到现代的转型给予观照。

第二章
中国出版近代化的宏观环境

一、政治环境

（一）从闭关锁国到开埠通商

根据有关记载，早在唐宋时期，由于海外贸易的繁荣，我国东南沿海包括广州、泉州、明州（宁波）、杭州、洪州（南昌）、扬州、镇江、江宁（南京）等在内的大批港口向外国商民开放。[①]但是进入明清时期，政府对海外贸易的兴趣锐减，明朝自永乐之后"海禁时开时闭"，清朝也一度推行海禁政策"以防堵郑氏（郑成功）卷土重来"[②]。此后康熙皇帝因为台湾成功收复而废除海禁政策，并且为满足海外贸易的需要，特开辟松江、宁波、泉州、广州等作为通商口岸，不过由于来华贸易的外国人不愿遵守清政府的严格规定，因此1757年乾隆皇帝下令关闭松江、宁波、泉州三处海关，仅留广州一地作为中国对外开放的贸易口岸。这种一口通商的状态一直持

[①] 杜语：《开埠史话》，社会科学文献出版社，2011，第2页。
[②] 许倬云：《台湾四百年》，浙江人民出版社，2013，第24、32页。

续到 1840 年第一次鸦片战争爆发。1842 年，在战争中失利的清政府被迫同英国签订中英《南京条约》。作为中国近代史上的第一个不平等条约，中英《南京条约》除了规定中国割让香港岛、赔款 2100 万两白银、准许英商与华商自由贸易等，还规定清政府开放广州等 5 个沿海城市作为通商口岸，以便英国商人同中国商人进行贸易。自此，持续近百年的一口通商局面被打破。此后，中国开埠的进程明显加快。1851 年，在沙皇俄国的武力逼迫下，清政府开放伊犁（今新疆伊宁）、塔尔巴哈台（今新疆塔城）作为通商口岸。第二次鸦片战争爆发后，战败的清政府同英、法、美、俄等国签订《天津条约》和《北京条约》，增开台湾等 12 个通商口岸。此后，1876 年的《中英烟台条约》、1881 年的《中俄伊犁条约》、1895 年的中日《马关条约》以及 1905 年的《中日会议东三省事宜条约》等多个不平等条约，又迫使清政府相继开放了数十个通商口岸。据乐正的统计，1843 年到 1930 年间，中国总计出现了 104 个开放商埠，4 个租借地，再加上被强占的香港、澳门，可供外国人贸易的口岸达到 110 个。除了山西、贵州、陕西、青海、宁夏等少数省份，中国绝大部分的省份都有了多个通商口岸。[1]

开埠通商客观上推动了中国近代城市化的进程，诚如学者所言，"鸦片战争以后，特别是一些口岸被迫对外开放以后，中国城市发展的动力和模式开始发生重大变化，进而启动了近代城市化的进程"[2]。据 1915 年的统计，中国 10 万人口以上的城市共有 43 个，其中开埠城市为 22 个，占该类城市总数的 51.1%；100 万人口以上的城市共有 2 个，其中开埠城市

---

① 吴松弟：《中国百年经济拼图：港口城市及其腹地与中国现代化》，山东画报出版社，2006，第 4 页。
② 乐正：《开埠通商与近代中国的城市化问题（1840—1911）》，《中山大学学报（社会科学版）》1991 年第 1 期。

为 1 个; 50 万—100 万人口的城市共有 12 个, 其中开埠城市为 8 个; 20 万—50 万人口的城市共有 11 个, 其中开埠城市共有 3 个; 10 万—20 万人口的城市共有 18 个, 其中开埠城市为 10 个。[①] 开埠之后快速发展的典型者如上海, "起初这地方是连城墙都没有的, 直到明朝年间, 为了倭寇常来骚扰打劫, 方筑起一座城墙。此后, 它是靠着本地的努力渐渐地兴盛起来, 的确也没有什么了不起的成绩, 在英国人占领的时候, 也不过是一个三等县治罢了"[②]。即使到了 19 世纪 40 年代, "当时上海人口约为 27 万; 而杭州为 100 万, 苏州、南京、宁波为 50 万; 长江三角洲地带的松江、嘉定、常熟、嘉兴、无锡等拥有与上海相似的人口。清代上海的地位远不如苏州,《松江府志》等均有'府城视上海为轻, 视姑苏为重'的记载"[③]。但是《南京条约》签署之后, 在不到百年的时间里, 上海迅速发展成为远东第一大都市。而开埠城市具有良好的示范效应, 能吸引更多的城市模仿其发展之路。如山东青岛自 1897 年被德国占领以后, 短短十几年间便由一偏僻渔村发展成为具有相当规模和文明程度的近代都市, 山东的数任巡抚, 如周馥、杨士骧、袁树勋、孙宝琦, 都曾专门访问青岛, 以期"观摩受益"。山东巡抚周馥看到德国人在青岛成功振兴商务, 特意在济南开辟商埠以吸引社会投资。[④] 城市化的进程使得越来越多的人聚集到城市, 市场规模大增, 人们的消费习惯也都悄然发生变化, 这为现代出版业的诞生提供了条件。

开埠通商不仅繁荣了商品经济, 带给人们生活上的便利, 而且促使人

---

① 何一民:《开埠通商与中国近代城市发展及早期现代化的启动》,《四川大学学报 (哲学社会科学版)》2006 年第 5 期。

② [美] 霍塞:《出卖上海滩》, 越裔译, 上海书店出版社, 2000, 第 4 页。

③ 杨东平:《城市季风: 北京和上海的文化精神》, 东方出版社, 1994, 第 40-41 页。

④ 王守中:《济南开埠与对德国文明的"观摩受益"》,《东方论坛》2012 年第 1 期。

们思想观念悄然发生改变。以晚清时期的上海为例，时人有云："往来于洋泾浜者，大抵皆利徒耳，贪、争、诈三者，无一不备，目中所见言端行信之人，卒未一遇。"[①]对传统士人而言，趋利之风也较以往更为普遍，例如《申报》曾报道塾师业的情形，"上海为商贾辐辏之地，铺户林立，各省趋利之徒固已少长咸集，而寒士之谋馆者，亦若以乐土之可居而群贤毕至。计上海大小馆地不下千余……（但因求职人多而）几无位置……是故风闻某处有馆缺，不问东家之若何，子弟之若何，即纷纷嘱托，如群蚁之附膻"[②]。以上海为代表的开埠城市作为现代文明的桥头堡和展示厅，自然会对往来于城市及生活在城市的人们的思想产生影响。以康有为为例，他在香港"览西人宫室之瑰丽，道路之整洁，巡捕之严密，乃始知西人治国有法度，不得以古旧之夷狄视之"；他在上海，目睹"上海之繁盛"，"益知西人治术之有本"，离开时购买大批介绍西方文化的书籍，"自是大讲西学，始尽释故见"。[③]

（二）半殖民地国家的形成

半殖民地国家是指形式上享有独立和主权，实际上在政治、军事、经济等方面都受外国殖民主义控制和支配的国家。近代西方列强通过一系列战争迫使清政府签订众多不平等条约，这些条约帮助西方列强在中国强取领事裁判权、协定关税权，设立租界，掠取沿海及内河航行权，获取驻军权与投资权等多项特权，中国也逐渐从独立自主的封建国家沦为半殖民地国家。

① 王韬：《瀛壖杂志》，上海古籍出版社，1989，第10页。
② 《师说》，《申报》1872年8月17日。
③ 康有为：《康南海自编年谱》，中华书局，1992，第9~11页。

领事裁判权。领事裁判权是指国家驻外领事按其本国法律对其本国侨民行使司法管辖权的片面特权。虽然 1842 年签订的中英《南京条约》只是纲领性文件,没有涉及领事裁判权事宜的具体条款,但是 1843 年 7 月签订的《中英五口通商章程》对相关问题进行了规定:"英人如何科罪,由英国议定章程、法律发给管事官照办。华民如何科罪,应治以中国之法,均应照前在江南原定善后条款办理。"① 这标志着领事裁判权制度正式在中国确立。美国紧随其后,1844 年 7 月通过《望厦条约》不仅取得了领事裁判权,而且在相关权利的规定上较中英《南京条约》更具体和明确。② 如第 25 条规定"合众国民人在中国各港口,自因财产涉讼,由本国领事等官讯明办理;若合众国民人在中国与别国贸易之人因事争论者,应听两造查照各本国所立条约办理,中国官员均不得过问"③。此后,法国、瑞典、俄国等国也都相继通过条约取得此项特权。据统计,甲午战争之前已有 10 个国家在中国获得领事裁判权,截至 1918 年,拥有此项特权的国家达到 19 个。④

租界制度。1843 年 10 月签订的中英《五口通商附粘善后条款》中规定"允准英人携眷赴广州、福州、厦门、宁波、上海五港口居住,不相欺侮,不加拘制"⑤。1845 年,上海道台宫慕久同英人协商租地事宜,后来将协商结果以《上海租地章程》的形式公布。该章程对英人租地方式、中国地方政府与租界的关系、英侨在租界的权利与义务、英国领事在租界中的地

---

① 王铁崖:《中外旧约章汇编》第 1 册,生活·读书·新知三联书店,1957,第 42 页。

② 王铁崖:《中外旧约章汇编》第 1 册,生活·读书·新知三联书店,1957,第 54~55 页。

③ 王铁崖:《中外旧约章汇编》第 1 册,生活·读书·新知三联书店,1957,第 55 页。

④ 李育民:《近代中国的条约制度》,湖南师范大学出版社,1995,第 31 页。另外,1899 年朝鲜与中国订约规定互相享有领事裁判权。

⑤ 王铁崖:《中外旧约章汇编》第 1 册,生活·读书·新知三联书店,1957,第 35 页。

位等方面都做了较为详细的规定。1854年《上海英法美租界租地章程》颁布，其中规定"起造、修整道路、码头、沟渠、桥梁，随时扫洗净洁，并点路灯，设派更夫各费，每年初间，三国领事官传集各租主会商，或按地输税，或由码头纳饷，选派三名或多名经收，即用为以上各项支销"[①]。这则条款对租界发展影响巨大，西方列强通过此项条款在租界设立工部局，并拥有征税权以及武装警察，租界制度正式形成。据学者统计，自1843年上海开埠以来，总计有8个国家在10个通商口岸开辟了22个专管租界，其中英国6个，法国4个，德国2个，俄国2个，日本5个，比、意、奥各1个。如果加上上海公共租界合并前的英、美两个租界，以及美国在天津放弃的租界，则共计9个国家和25个专管租界。照此数计算，天津辟有9个专管租界，上述9个国家各有1个，汉口5个，上海3个，广州2个，厦门、镇江、九江、杭州、苏州、重庆各1个。此外，还有上海和鼓浪屿两个公共租界。[②]虽然租界算是中国的领土，但是清政府不享有行政管辖权，租界俨然已是"国中之国"。

"千年未有之大变局"和西风东渐迫使近代中国人找寻独立自强之新道，探索避免亡国灭种之新途。在这一过程中，出版或用来开启民智，激发民气，或用来建立舆论，树立影响，这些都使得出版业突破了传统模式的禁锢，具有了现代性。

（三）政治环境变化对中国近代出版业的影响

1. 推动新式出版机构的发展

在古代官刻、私刻、坊刻、书院刻书、寺观刻书等五大出版系统中，

---

① 王铁崖：《中外旧约章汇编》第1册，生活·读书·新知三联书店，1957，第81-82页。

② 李育民：《近代中国的条约制度》，湖南师范大学出版社，1995，第86页。

只有坊刻具备商业特征。但是采用雕版印刷方式的书坊，无论规模大小，都还属于家庭手工业或工场手工业的生产方式。直到五口通商后，具有现代企业特征的出版机构才由基督教传教士在中国建立，为中国出版业发展提供了"范本"。如1843年在上海设立的墨海书馆，是当时基督教传教士在中国境内设立的数家印刷机构之一，也是中国历史上第一家使用铅活字机器进行印刷的出版机构：

> 西人设有印书局数处。墨海，其最著者。以铁制印书车床，长一丈数尺，广三尺许，旁置有齿重轮二，一旁以二人司理印事，用牛旋转，推送出入。悬大空轴二，以皮条为之经，用以递纸，每转一过，则两面皆印，甚简而速，一日可印四万余纸。字用活板，以铅浇制。墨用明胶、煤油合搅煎成。印床两头有墨槽，以铁轴转之，运墨于平板，旁则联以数墨轴，相间排列，又揩平板之墨，运于字板，自无浓淡之异。墨匀则字迹清楚，乃非麻沙之本。印书车床，重约一牛之力。其所以用牛者，乃以代水火二气之用耳。①

这些出版机构，除采用新式印刷技术外，还印刷近代科学读物，完成编、印、发等环节的分工与分离，已然具备了现代出版企业的形态。如美华书馆设置有英文排版室、汉语排版室、印刷机室、铸字室、装订及整压室、校对室等部门，部门分工清晰，责任明确：

> 走进这幢楼二层右侧办公室，我们就可以看到与外界联系的电

---

① 王韬：《瀛壖杂志》，上海古籍出版社，1989，第118—119页。

话通讯装置，有与该印刷所各部门联系的铃、通话筒，还有通讯员。屋里放着菲奇先生的办公桌，桌上堆满来自中国各地的信，确切地说几乎是来自世界各地的信；另一张桌子上作者批注所有的印刷细节；第三张桌子被一名中国工作人员占据，他负责处理该书馆印刷的各种中外文杂志的账目。

……

隔壁一间是汉语排版室，大厅宽敞，是整座楼最大的一间房间，这里堆满了活字盘（说明请参阅前章）……

穿过汉语排版间就是英文排版间，这是后楼顶层一间明亮的大厅。这个部门从事于英文排版，内容有：字典、词典、短语语汇以及其它学习汉语的工具书，有罗马文书，有教会及会议报告，还有下列杂志：《中华录与传教士杂志》（*Chinese Pecorder and Uissionary Journal*）、《信使》（*The Messenger*）、《远东妇女的工作》（*Woman's Work in the Far East*）、《中国医学介绍》（*The China Medical Missionary Journal*）和《圣·约翰的回声》（*St. John's Echo*）。在天主教的布道中，我们有山东、北京、广东、宁波、上海、苏州、温州等地方的语言。

楼下是纸墨等储藏室。穿过储藏室我们就进入机房，它位于主楼最低层，用一台升降机使之同上面的汉字排版室相连。在机房里有四台滚筒印刷机、一台平台印刷机和四台大型手动印刷机。这五台机器由一台新式大功率的气轮机带动。前些年印刷工作量已达到超饱和状态，但当机器以最高速度而且正常运转时，必须十分谨慎以确保印刷质量。许多杂志和宣传刊物中附有插图，装垫版时也很小心。

从书馆开办以来，插图的技术取得了很大的进步。

从机房出来我们随即进入装订室。近年来圣经会印刷了大量的各种版本《圣经》，一部分是用外国产的双面印而不透字的薄纸印制的。自然这个部门的工人工作量是很大的，像整压、折页、配页等。所有的外文杂志、小册子等都在这里装订。装订工作如此紧张，因而在一个月内将安装一台液压机，目前是由手扳的螺旋压整机承担所有的工作。[①]

2. 促进出版内容的革新

近代，中国面临沦为西方列强殖民地的危险，这使得"救亡"成为整个近代社会的一条思想主线。为免亡国亡种之祸，旨在救亡图存的各种思想在近代社会汹涌激荡，以思潮之态影响中国历史的进程，"凡文化发展之国，其国民于一时期之中，因环境之变迁，与夫心理之感召，不期思想之进路，同趋于一方向，于是相与呼应汹涌，如潮然。始焉其势甚微，几莫之觉，浸假而涨——涨——涨，而达于满度；过时焉则落，以渐至于衰熄"[②]。整体来说，人们对中国积弱根源的探寻主要有三个阶段，第一个阶段是从器物上感觉不足，第二个阶段是从制度上感觉不足，第三个阶段是从文化根本上感觉不足[③]。

---

① 麦金托什著，方丽译，车茂丰校：《美国长老会书馆（美华书馆）纪事》，见《中国出版史料（近代部分）》第一卷，山东教育出版社，2004，第179-181页。另外《美华书馆述略》（《教会新报》第165期）还详细介绍了铅活字情况，"其活字及铅字，有大字、中字、小字、极小字数种，凡《康熙字典》所有字皆有之，并有字典所无之字。每一常用字者，备百字、数十字；不常用者，只备十余字、数字，故同时排印数书而不穷于用字。列架别部，如字典之部，分画次，井然也。排字者按部取画取字，不稽时，一人一日可排数千字，排成书页，有边栏焉，有直格焉，则铅线条为之也。铅字极工，排成，而无大小参差。印而校，校而再印再校，故鲜讹字。印毕仍入架，仍部属画次，不紊乱焉"。见范慕韩《中国近代印刷史稿》，印刷工业出版社，1995，第81-82页。

② 梁启超：《梁启超全集》，北京出版社，1999，第3068页。

③ 梁启超：《梁启超全集》，北京出版社，1999，第4030页。

每一次社会文化和观念的变革都会促使出版内容发生变化。例如在鸦片战争之前，国人留心海外情形者屈指可数。[①] 鸦片战争爆发后，从狂妄自大中醒来的知识分子奋发图强，积极编译有关世界地理知识的书籍，以期知己知彼。以《海国图志》为例，魏源编撰该书的初衷就是"欲制外夷者，必先悉夷情始。欲悉夷情者，必先立译馆、翻夷书始"[②]，只有先"悉夷情"，才能有"以夷攻夷""以夷款夷""师夷长技以制夷"等后续手段。而姚莹编撰《康輏纪行》，是为"正告天下，欲吾中国童叟皆习见习闻，知彼虚实，然后徐筹制夷之策，是诚喋血饮恨而为此书，冀雪中国之耻，重边海之防，免胥沦于鬼蜮"。[③] 据台湾学者的统计，道咸两朝（1821—1861）国人编撰的有关世界历史地理知识的书籍仅有20种，包括《海国纪闻》（李兆洛）、《粤东市舶论》（萧令裕）、《记英吉利》（萧令裕）、《海外番夷录》（王蕴香）、《英吉利国夷情纪略》（叶钟进）、《海防余论》（颜斯综）、《英吉利小记》（魏源）、《四洲志》（林则徐）、《海国图志》（魏源）、《瀛环志略》（徐继畬）、《英吉利地图说》（姚莹）、《粤道贡国说》（梁廷枏）、《兰仑偶说》（梁廷枏）、《合省国说》（梁廷枏）、《康輏纪行》（姚莹）、《英吉利纪略》（陈逢衡）、《红毛番英吉利考略》（汪文泰）、《中西纪事》（夏燮）、《大英国志》（蒋敦复）、《朔方备乘》（何秋涛）等。[④] 第

---

① 如道光皇帝在战前命令臣下查明英国情形，琦善因英国女王自行择配所以奏报"（英国）是固蛮夷之国、犬羊之性，初未知礼义廉耻，又安知君臣上下"，着英谓英人夜间目光昏暗，黄惠田则曰"其地暗黑，不敢燃火，船行半月始见天日"，骆秉章奏称"英兵上身刃不能伤，但以长梃俯击其足，应声即倒"。这些判断无一符合实际情况，徒然成了债事的原因和外人的笑料。见钟叔河：《从东方到西方——走向世界丛书叙论集》，岳麓书社，2002，第24—25页。

② 魏源著，李巨澜评注：《海国图志》，中州古籍出版社，1999，第99页。

③ 姚莹：《复光律原书》，载《中国思想史参考资料集·晚清至民国卷》上，清华大学出版社，2005，第5页。

④ 王尔敏：《中国近代思想史论》，社会科学文献出版社，2003，第49页。

二次鸦片战争之后，坊间有关世界史地知识的书籍不下百种，有关西方地理、历史、政治、文化内容的出版物大受读者欢迎，如广学会所出的《泰西新史揽要》。该书由李提摩太和蔡尔康从英国人麦肯齐的《十九世纪史》（*History of the Nineteenth Century*）翻译而来，原作出版于1889年，学术水平一般，曾被英国历史学家柯林武德称作"三流历史著作中最乏味的残余"，在英国伦敦出版后一直默默无闻，但此书经李、蔡二人翻译到中国后却一纸风行，齐思和在《晚清史学的发展》一文中称此书前后一共卖了3万多本，而张星烺在《欧化东渐史》中估计，该书"卖出一百万部以上，翻版及节本者尚不在内"[①]。其畅销正反映了当时社会想要了解西方世界知识信息的急迫心理。到了清末，通过西书翻译来了解西方情况者愈发众多，据学者统计，"从1900到1911年，中国通过日文、英文、法文共译各种西书至少1599种，占晚清100年译书总数的69.8%，超过此前90年中国译书总数的两倍。其中，从1900至1904年5年，译书899种，比以往90年译书还多"[②]。

与译书日多、读者追捧形成鲜明对照的，则是传统书籍为一般读者所鄙弃，被视为无用之书而少人问津，时人曾有记载：

> 吾曩以壬寅走京师，当丧乱之后，士夫若梦初醒，汲汲谈新学倡学堂，窃喜墨守之习由是而化也。入琉璃厂书肆，向者古籍菁英之所萃，则散亡零落，大非旧观，闻悉为联军搜刮去，日本人取之尤多。而我国人漠然无恫焉，以为是陈年故纸，今而后固不适于用者也，心又悲

---

① 邹振环：《影响中国近代社会的一百种译作》，中国对外翻译出版公司，1996，第103页。
② 熊月之：《西学东渐与晚清社会》，上海人民出版社，1994，第13页。

之。迨乙巳返里，幽忧索居，南中开通早士，多习于舍己从人之便利，日为卤莽浮剽之词，填塞耳目，欲求一国初以前之书于市肆，几几不可得。[①]

3. 促进出版物形态的革新

在古代社会中，书籍是主要的，甚至是唯一的阅读品种。虽然唐开元年间的《开元杂报》被认为是我国新闻史上最早的报纸，但是报刊的大规模涌现还是在近代。据学者统计，从 19 世纪 40 年代到 90 年代（第一次鸦片战争之后到甲午战争之前），国内创办报刊 180 多种，其中外国人创办的外文、中文报刊达 170 种，占同期报刊总数的 95%。[②] 1895 年是报刊发展史上的重要年份，一批资产阶级知识分子希望通过社会改良在民族危亡的关键时刻力挽狂澜，这直接导致了国人办报热潮的兴起，"以庞大之中国，败于蕞尔之日本，遗传惟我独尊之梦，至斯方憬然觉悟。在野之有识者，知政治之有待改革，而又无柄可操，则不得不借报纸以发抒其意见，亦势也"[③]，从早期冯桂芬、容闳、伍廷芳、王韬、薛福成、马建忠、汤震、陈虬、陈炽、郑观应、何启、胡礼垣等，再到后期康有为、梁启超、谭嗣同、严复，皆借报纸抒发自己心中之块垒。据统计，仅 1895—1898 年间全国出版的中文报刊较之以往陡增 3.7 倍[④]。除报纸大量涌现外，鼓吹救国、变法的各种新书也广受欢迎，吕思勉就曾说："余年十一，岁在甲午，而中日之战起，国蹙师熸，创深痛巨；海内士夫，始群起而谋改革。于是新书

---

① 《张南缄辑印佚丛自序》，《国学萃编》1909 年第 6、7 期。

② 徐松荣：《维新派与近代报刊》，山西古籍出版社，1999，第 12 页。

③ 戈公振：《中国报学史》，上海古籍出版社，2003，第 206 页。

④ 方汉奇主编：《中国新闻事业通史》第 1 卷，人民大学出版社，1992，第 419 页。

新报，日增月盛。"① 而戊戌政变之后，国人对清政府懈于改革日趋失望，更希望通过报刊制造社会"舆论"，向政府施加压力，进而促进中国政治社会的革新。以言论界巨子梁启超为代表，他先后参与创办和担任主笔、主编的报刊在十种以上，与他有关系的报刊则在五十种以上，如《时务报》《清议报》《新民丛报》《庸言》《大中华》《改造》杂志等。而以孙中山为代表的资产阶级革命派，也重视通过报刊来宣传革命思想，达到政治目的。据统计，辛亥革命时期资产阶级革命派先后在国内外创办了 120 多种报刊（日报 60 多种，期刊 50 多种，发行最多的达两万多份），出版了大量革命宣传品。②

经过 1919 年五四运动的洗礼，期刊这种出版形式在中国也得到迅速发展，"中国的出版界，最热闹的恐怕就是一九一九年了！虽然不能谓之'绝后'，而'空前'却已有定论了！他的精神，就在定期出版物。……五四以后，受了爱国运动的影响，新思想传播得更快，定期出版物，出现的愈多。就十一月一个月里而论，我所知道的，已经有二十余种的月刊旬刊周刊出现了！"③ 1935 年 6 月底，全国各省市杂志出版品种共计 1518 种。④

4. 促进出版格局的调整

这种调整包括出版中心的嬗变，如随着上海开埠及工商业的迅速发展，上海一跃成为中国的文化中心和出版中心，但更为关键的转变是出版业内部的调整，例如大书局与小书店互相关联，"新书业"与"旧书业"竞争，等等。

---

① 吕思勉：《吕思勉遗文集》上，华东师范大学出版社，1997，第 373 页。

② 方汉奇：《中国近代报刊史》，山西人民出版社，1981，第 153 页。

③ 郑振铎：《一九一九年的中国出版界》，《新社会》1920 年第 7 期。

④ 宋应离：《中国期刊发展史》，河南大学出版社，2000，第 152 页。

经过新文化运动的洗礼，反映新文化的书籍获得社会尤其是青年学子的青睐，如创立于 1913 年的亚东图书馆原本默默无闻，五四新文化运动后经营渐有起色。"亚东到了'五四'，出版才上了路。自原放整理的标点、分段，由独秀、适之等帮助做序的《水浒》出来以后，很受欢迎，营业已经有转机。后来又出了《胡适文存》《独秀文存》（用《新青年》里的文章，各人自编成书）以及《白话书信》（高语罕编的）等书，营业更是蒸蒸日上，同事也逐渐加到二十多人了。"[1] 这类经营新文化书籍的中小书店兴起，对商务印书馆、中华书局这类传统大书局而言是一种挑战，时人有云：

> 视为文化事业之一的书店经营，并不是"托辣斯式""百货店式"的一家大书店可以包办得了的。不幸十余年来，国内大资本的书店只有一家，于是从幼稚园的生徒以至未戴"角帽"以前的少年青年的精神的粮食，一齐都被他们把持着，所有著作翻译的人都不得不仰他们的鼻息。主持"编辑生杀权"的人物如日本镰仓长谷的大佛一样，巍巍然端坐着，一般"善男信女"都顶礼膜拜于下，这个比喻并不算过分。
>
> 现在的情形又有不同，就是小资本的书店的增加。别的书籍我不知道，单就文艺方面的书说，大书店的销售往往不及小书店。[2]

不过此时这类小书店数量尚少，直到北伐战争之后，由于当时上海地区政权更迭，文化管制相对宽松，再加上有外国租界的保护，"新书业"异军突起，形成气候。据不完全统计，1927 年到 1937 年间，在中国大地

---

① 汪原放：《亚东图书馆与陈独秀》，学林出版社，2006，第 228 页。
② 孙莺：《旧时书肆》，上海科学技术文献出版社，2021，第 24 页。

上先后成立的"新"书局、"新"书店就有近 60 家。[①] "新书业"的横空出世，既为出版业带来了活力，也改变了传统书业格局，形成了古书书店、旧书业、新书店三足鼎立的局面，时人李衡之曾说：

> 一九二五年左右，就以上海来说吧，出版界方面发生了新的刺激！……遂造成了盛极一时的"开书店"的风气，当时一般青年对于出版界的认识为之一变：不但不认商务为唯一的书店的代表，而且认商务等于是以前的"山房"、"书屋"，古书书店，旧书业，新书店，成为三种性质不能调和的东西。[②]

二、经济环境

（一）近代工商业的繁荣

鸦片战争之后中国被迫开埠通商，从最初的广州、上海、厦门、福州、宁波等 5 处发展到最终可供外国人贸易的口岸达到 110 个，"北至于牛庄，南至于琼崖，外至于大海，内至于长江"[③]，这些开埠口岸为中外之间的贸易开辟了新的通道，促使商品进出口贸易日渐繁荣。一方面，进口产品增加。"凡人用物薪其质良、价廉，此情之所必趋，势之所必至。非峻法严刑之所能禁也，非令名美誉之所能劝也，非善政温辞之所能导也"[④]，涌入中国的外国商品以其物美价廉，渐渐为国人所接受并喜爱。例如 1845 年福州将军向清政府报告："凡洋货皆系夷商自行转运……其

---

① 吴永贵：《民国出版史》，福建人民出版社，2011，第 56—57 页。

② 吴永贵、张学科：《民国年度出版时评史料辑编》第四卷，华中师范大学出版社，2019，第 342 页。

③ 王韬：《弢园文录外编》，上海书店出版社，2002，第 109 页。

④ 薛福成：《庸庵随笔》，中共中央党校出版社，1998，第 13 页。

质既美，其价复廉，民间之买洋布洋棉者，十室而九。由是江浙之棉布，不复畅销，商人多不贩运；而闽产之土布土棉，遂亦因之壅滞不能出口。"①此后，这些漂洋过海的"洋货"不仅深入城市及乡镇，穷乡僻壤也不乏其身影，直隶玉田的农民消费洋货已"不可胜数"，"饮食日用曰洋货者，殆不啻十之五矣"，即使是在云南昭通这样的偏僻地区，其杂货店中也不乏洋货，例如各种哈喇呢、哔叽、羽纱、法兰绒、钟表、玻璃等，一应俱全，而且其售价"并非贵得惊人"。②随着外国商品在中国流行，"洋"字逐渐变成社会中流行的字眼，"凡物之极贵重者，皆谓之洋，重楼曰洋楼，彩轿曰洋轿，衣有洋绉，帽有洋筒，挂灯曰洋灯，火锅名为洋锅，细而至于酱油之佳者，亦名洋秋油。颜料之鲜明者，亦呼洋红、洋绿。大江南北，莫不以洋为尚"③。另一方面，中国渐渐成为外国商品的原材料市场。例如生丝，1888 年出口量为 76780 担，1893 年为 94154 担，1898 年为 108821 担，1908 年增至 129090 担，到 1911 年则达 129925 担。除生丝外，茶、棉花、油菜等的出口量也是大幅度增加。④随着自给自足的自然经济逐渐瓦解，中国一步一步融入世界市场。在自强求富的思想指导下，中国近代工商业迅猛发展。据资料统计，1895 年以前，洋务运动中创办的民用企业共有 170 多家，包括交通运输业、通讯业、采矿、冶炼、轻工和机器修理业。据不完全统计，其中商办企业有 47 家。19 世纪末 20 世纪初，也就是戊戌变法到清末新政时期，1895—1911 年新设企业 491 家，资本

---

① 彭泽益：《中国近代手工业史资料》第 1 卷，生活·读书·新知三联书店，1957，第 494 页。

② 姚贤镐：《中国近代对外贸易史资料》，中华书局，1962，第 1106-1107 页。

③ 陈作霖：《炳烛里谈》，转引自陈登原《中国文化史》二，辽宁教育出版社，1998，第 701-702 页。

④ 杨乃良：《鸦片战争前后农产品对外贸易与中国自然经济的解体》，《华中师范大学学报（人文社科版）》2000 年第 1 期。

总额 108556 千元，其中商办企业 416 家，资本额 82777 千元，占总资本额的 76.3%，而 1906 年商办工矿企业的创办数量达到了一个历史高峰。据民国三年（1914 年）第三次农商统计表统计，1912—1914 年全国设厂 3937 家，平均每年设厂 1312 家。[①]

与此同时，西方商品因其物美价廉，促使国人思想发生转变，特别是对商人及商业的看法有所转变。中国素有重农抑商的传统，早在战国时期，商鞅就认为发展农业能使国家富强，"民不逃粟，野无荒草，则国富，国富者强"，商业发展则会导致国贫兵弱。"要靡事商贾，为技艺，皆以避农战。民以此为教，则粟焉得无少，而兵焉得无弱也。"因此，商鞅提出"治国能抟民力而壹民务者强，能事本而禁末则富"的主张。封建统治者认为，商业具有"争民、争财、牟利、削民、越礼、坏俗、害粟"[②]等危害，因此常常通过"困""辱"方式从经济、政治方面对商业进行打击，以抑制其发展。[③]到了近代，传统"轻商"思想得到某种程度的改变。从包世臣的"夫无农则无食，无工则无用，无商则不给。三者缺一，则人莫能生也"，到郑观应的"商战"理论，再到"国势之强弱，人种之盛衰，实惟商业左右之，生死之"[④]，再到清政府 1898 年至 1910 年间相继颁布《振兴工艺

---

① 王玉生：《中国传统经济伦理思想的近代演变》，博士学位论文，湖南师范大学，2004，第 18-19 页。

② "争民"是指商业活动使得农民摆脱土地的限制，这使得古代以农民为主体的兵员招募制度受到损害；"争财"是指通过商品流通，商业资本能够迅速膨胀，商人甚至财可敌国，而国家财政往往相形见绌；"牟利"是指商人通过货殖使财富增长；"削民"主要是指商人高利贷者对贫民的盘剥与侵害；"越礼"是指商人富贵之后往往违反封建等级服饰制度，模仿官僚贵族的服饰；"坏俗"是指商人奢靡的生活、豪华的消费败坏了俭朴的美俗；"害粟"是指商品经济的发达容易导致经济作物种植面积的扩大，影响到粮食作物的种植。参见王相钦、吴太昌《中国近代商业史论》，中国财政经济出版社，1999，第 338 页。

③ "困"商方式包括官营禁榷、重征商税、改变币制等数种，"辱"商则包括直接视经商为犯罪，商贾及子孙不得出仕为官以及服饰方面的歧视等。参见范忠信、秦惠民、赵晓耕：《论中国古代法中"重农抑商"传统的成因》，《中国人民大学学报》1996 年第 5 期。

④ 均卿：《抵制美约余论》，《东方杂志》1906 年第 2 期。

给奖章程》（1898 年）、《奖励公司章程》（1903 年）、《奖给商勋章程》
（1906 年）、《改订奖励公司章程》（1907 年）、《华商办理农工商实
业爵赏章程及奖牌章程》（1907 年）等奖励工商章程[①]，无不反映出工商
业的重要性获得官方与民间的广泛认可。[②]

　　另外，诸如交通、邮政、保险等促进现代工商业发展的辅助条件也日
益成熟，为近代工商业发展提供了良好的环境。以邮政为例，虽然我国很
早就建立了"邮驿"系统，但是这些邮驿只负责传送官方文书，不涉及私
人业务，因此算不上现代意义上的邮政事业。中国现代邮政事业发展以"客
邮"的出现为标志。1834 年，鉴于来华进行贸易的外国人越来越多，英国
商务监督律劳卑在广州开办了"英国邮局"，该邮局归大英邮政总局管辖，
这是我国境内的第一个"客邮"。《中英天津条约》为西方列强在中国开
设邮局提供了法律保证："大英钦差大臣并各随员等，皆可任便往来，收发
文件，行装囊箱不得有人擅行启拆，由沿海无论何处皆可。送文专差同大清
驿站差使一律保安照料。"[③]西方国家相继在其势力范围及开埠口岸设立
了面向本国侨民的邮局。1878 年初，在北洋大臣李鸿章的支持下，海关总
税务司赫德委任天津海关税务司德璀琳在北京、天津、烟台、牛庄（营口）、
上海等 5 处海关试办近代邮政。海关邮政正式对公众开放后，开始收寄华
洋公众信件。1896 年大清国家邮政官局设立之前，海关邮政由 5 个发展到
24 个：天津、北京、牛庄、烟台、重庆、宜昌、沙市、汉口、九江、芜湖、

---

　　① 汪敬虞：《中国近代工业史资料》第二辑（上册），科学出版社，1957，第 637 页。

　　② 当然，尽管晚清政府推行重商政策，但是其对商业性质及商人角色的认识未发生根本性变化，中国社
会轻商风气依旧存在。参见冯筱才：《从"轻商"走向"重商"？——晚清重商主义再思考》，《社会科学研究》
2003 年第 2 期。

　　③ 王铁崖：《中外旧约章汇编》第 1 册，生活·读书·新知三联书店，1957，第 97 页。

镇江、上海、苏州、杭州、宁波、温州、福州、厦门、汕头、广州、琼州、北海、蒙自、龙州。1896 年 3 月，在海关试办邮政的基础上，经光绪皇帝批准正式开办大清国家邮政官局。以大清国家邮政官局为标志的现代邮政系统形成后，为书报刊的发行提供了很大方便，如大清国家邮政官局 1896 年成立时就开通了信函、新闻纸、货样、印刷品邮寄业务，1898 年开通了包裹业务，1905 年又开通了新闻纸挂号、立券、总包，并发行快信专票业务，1934 年 4 月中华邮政总局开办代订刊物业务，1934 年 9 月又开办代订书籍业务。邮政事业的发展也为出版企业销售图书提供了一种有效渠道，如 1910 年商务印书馆采用邮购方式销售图书，具体售书章程如下：

一、采购图书者务将名目及书价寄费径寄本馆及各分馆，得信后立即照信配齐寄奉。

二、寄递款项或由信局或由邮局均随尊便，其兑费汇费由购书人自理。

三、信局邮局不能汇兑款项者，其书价及寄费可用邮票代之，办法如下：（甲）邮票以一角二角为限，如有零数可将一二分者合足，三角以上之邮票不收；（乙）邮票抵实洋以九五折计算，如寄邮票一元仅能购书九角五分；（丙）邮票有污损者不收；（丁）邮票不能揭开者不收。

四、书籍寄费，邮局信局各自不同，本馆特定折中办法如下：（甲）寄费照书价加一成，如购书一元者应加寄费一角；（乙）邮局寄费至少须五分；（丙）信局寄费至少一角。[1]

---

[1] 《图书汇报》1910 年第 1 期。

特别值得一提的是，中国近代邮政系统建立后，对于书报的发行，往往在资费上给予优惠。例如1902年大清国家邮政官局对"印刷物及书籍类"的资费做了详细规定："每重2两以内国内本地和各局互投均为1分，每重3两至8两国内本地投送1分半，各局互投2分；每重8两至1磅本地投送3分，各局互投4分；1磅至2磅本地投送5分，各局互投8分；2磅至4磅本地投送1角，各局互投1角半；每重2两香港2分，国外邮会各国2分，非邮会各国5分。"[1]除此之外，邮政系统还对北洋官报及相关书刊的邮寄提供了免费服务。1912年中华民国成立后，书籍及印刷物的邮寄资费有所调整：每50克以下1分；逾50至100克2分；逾100至250克5分；逾250至500克1角；逾500至1000克1角5分；逾1公斤以上至2公斤3角。书籍及印刷物邮寄资费相较于其他货品依然算是便宜。不久后，总统孙中山即批示"书籍、印刷物等资费一律减半"[2]。1928年7月后，南京邮政总局统一管理全国邮政，截至抗日战争时期，相关资费一直保持稳定。其中书籍及印刷物的资费如下：逾100至250公分2分半；逾250至500公分5分；逾500至1公斤7分半；逾1公斤至2公斤1角5分；逾2公斤至3公斤2角2分半。[3]这对民国出版业的繁荣起到了推动作用。

（二）经济环境变化对中国近代出版业的影响

出版业作为一种"文化的生意"，有文化的特性，也有商业的共性。

---

① 曹双禄：《中国近现代邮政资费史》，人民邮电出版社，2003，第33页。

② 民国元年（1912年）4月20日，孙中山总统批示"书籍、印刷物等资费一律减半"。100克及以下，由原2分降至1分；逾100克至250克，由原5分降至2分半；逾250克至500克，由原1角降至5分；逾500克至1公斤，由原1角5分降至7分半，1公斤以上至2公斤，由原3角降为1角5分。载曹双禄：《中国近现代邮政资费史》，人民邮电出版社，2003，第106页。

③ 曹双禄：《中国近现代邮政资费史》，人民邮电出版社，2003，第115页。

近代工商业的繁荣，导致市民阶层大量兴起，为出版近代化提供了良好的支撑。据有关资料统计，20 世纪初，中国 2 万人口以上的城市有 312 个，其中 2 万至 5 万者 216 个，10 万至 50 万者 41 个，50 万以上者 9 个。这些城市人口增加速度很快，以上海为例，1843 年只有 20 万人口，1901 年有 60 万人口，1921 年增加至 150 万人口。20 世纪一二十年代全国城市人口不少于 2000 万[①]，城市化进程的加快和城市人口的快速增长为近代出版业的发展提供了广阔的市场空间。接下来以股份制公司在出版业中的应用为例，具体阐释经济环境变迁是如何影响出版行业发展的。

据经济史学者研究，春秋战国时期已经出现了具有原始股份制特点的合伙经营现象[②]，但是现代意义上的"股份制公司"直到晚清才真正出现，且属于典型的"舶来品"。1835 年，英商宝顺洋行联合广州商人开设于仁洋面保安行（保险公司），股份制正式传入中国。此后，华商资本参股外国股份公司日渐增多，尤其是在航运业领域。如 1867—1879 年间，外商创办的公正、北清、华海、扬子四家轮船公司，资本全部或大部分是从上海招股募集的。[③]1872 年，在时任直隶总督李鸿章的支持下，我国近代史上第一家大型股份制企业轮船招商局在上海成立，并向社会公开招股集资。尽管最初人们多持观望态度，但是轮船招商局发展势头良好，1873 年赢利 6.7 万两，1874 年赢利 13.5 万两，1875 年赢利 15.1 万两，1876 年赢利 34.9 万两，1877 年赢利 41.9 万两，1878 年赢利 76.6 万两，1879 年赢利 67 万两，因此自 1873 年下半年起，购买轮船招商局股票的人渐多，

---

① 郭延礼：《中国前现代文学的转型》，山东大学出版社，2005，第 18 页。
② 杨在军、张岸元：《关于近代中国股份制起源的探讨》，《江西社会科学》2003 年第 1 期。
③ 李春梅：《从轮船招商局看中国近代股份制的兴起》，《四川师范大学学报（社会科学版）》1995 年第 3 期。

"近殊盛旺，大异初创之时，上海银主多欲附入股份者"[①]。1881 年，轮船招商局招股 100 万两。在轮船招商局的示范下，招股筹资的做法在 19 世纪 80 年代工商业逐渐流行，"招商局开其端，一人倡之，众人和之，不数年间，风气为之大开，公司因之云集"[②]。据学者统计，仅 1877 年到 1883 年就先后有江苏、安徽、湖北、山东、热河、奉天、直隶、云南、广西等地的 19 家企业采用股份制方式集资，一时间，招股集资成为一种时尚。不仅工商界热衷于利用此种方式，民间也开始熟悉这种新式集资方式，"现在沪上股份风气大开，每一新公司起，千百人争购之，以得股票为幸"[③]。1904 年，清政府商部颁布《钦定大清商律》，其中第二编《公司律》共有 11 节 131 条条文，对股份有限公司的成立、运作、监管、处罚等相关事宜都做了详细的规定，如第二节"股分"，第三节"股东权利各事宜"，第四节"董事"，第五节"查账人"，第六节"董事会议"，第七节"会议"，第八节"账目"，第九节"更改公司章程"，第十节"停闭"，第十一节"罚例"，等等。此后，工商企业采用股份制方式者更为普遍。据统计，"1928 年以前登记注册的公司数一共为 716 家，到 1935 年 6 月止增加到 2682 家。1928 年 2 月至 1935 年 6 月间注册登记的就有 1966 家，是此前的 2.74 倍。其中股份有限公司又占绝对统治地位，占登记注册总数的 70.4%，资本数占 94.37%"[④]。

流风所及，股份制公司也在近代出版业中逐渐应用并普及，如 1882 年创立的同文书局是与点石斋、拜石山房并列的三大石印书局之一，该书

---

① 《招商局情形》，《申报》1873 年 7 月 29 日。

② 朱荫贵：《近代上海证券市场上股票买卖的三次高潮》，《中国经济史研究》1998 年第 3 期。

③ 《申报》1882 年 9 月 27 日。

④ 陈真：《中国近代工业史资料》第 4 辑，生活·读书·新知三联书店，1961，第 59 页。

局创立之初即采用股份制形式，《徐愚斋自叙年谱》光绪八年壬午条下记事云："从弟秋畦、宏甫集股创办同文书局，余力赞成，并附股焉。"而中国近代最大的出版机构商务印书馆 1897 年创立时属于家族亲属合伙性质，1903 年时吸收日资入股，采用股份制方式，"资本各居半数，即各得十万"，到 1912 年时股份达到 1.5 万余股，其中华人股份占 3/4，日人股份占 1/4。进入民国，股份制公司形式在出版业中更加流行，根据上海书业公所 1917 年的记录，在 132 家公所成员中，77 家是独资，35 家是合资，13 家是股份制公司，7 家未说明。"从书业公所的记录上可以看出，出版商逐渐接受了公司制的组织形式。"[1] 当时出版业的领军者，如商务印书馆、中华书局、中国图书公司、文明书局等，都在上述 13 家股份制公司之列。

股份制公司形式在中国出版业内的应用及推广，具有十分重要的意义。一是有助于出版企业长久生存。这主要是因为股东的责任有限，且此种组织的运营不受股东变动影响，所以其存续期限往往较长。更为重要的是，股份制使得管理职能与财产所有权相分离，经营管理更加专业化和科学化，有助于调动员工的积极性。

二是有助于增强出版企业实力。一般企业虽然能够通过自身盈利来积累资本，但是速度极缓慢，而股份制公司吸纳社会资本比较容易，其原因有四：（1）资金分割之数额较小，易于负担；（2）转让自由，无须经股东会之许可；（3）公司是法人，故比较有保障；（4）除股本外，股东不负任何其他责任。[2] 社会资本的高效募集有力推动了出版企业经营规模的

---

[1] [美] 芮哲非：《谷腾堡在上海：中国印刷资本业的发展（1876—1937）》，张志强译，商务印书馆，2014，第 212 页。

[2] 林鹤钦：《资本与印刷事业》，《艺文印刷月刊》1937 年第 12 期。

快速扩张。以同文书局为例，19世纪80年代诞生后之所以能迅速打开局面，形成与点石斋、拜石山房三足鼎立之势，并且鼎盛时期规模远超点石斋与拜石山房，重要原因就在于它采用了股份制公司方式。同文书局通过招股迅速积累资本，成立之初即购置石印机12架，雇工500人，专事翻印善本古籍。有此实力做依托，同文书局才能够"陆续印出《资治通鉴》《通鉴纲目》《通鉴辑览》《佩文韵府》《佩文斋书画谱》《渊鉴类函》《骈字类编》《全唐诗文》《康熙字典》，不下十数万本，各种法帖、大小题文府等十数万部。莫不惟妙惟肖，精美绝伦，咸推为石印之冠"[1]。再如夏清贻（开明书店）、狄葆贤（有正书局）、俞复（文明书局）、席裕福（点石斋、申昌书局、集成图书局）等人于1906年4月发起成立的中国图书有限公司，虽然强调成立目的在于"我人兢兢业焉以求编辑、印刷、发行书局之发达，以巩护书籍而保教育之权"[2]，但根本目的却也是同资本雄厚的商务印书馆相抗衡。鉴于商务印书馆在商部注册资本为一百万元，中国图书有限公司也决定"定招股本银洋一百万元。每股十元，合成十万股。先收五万股，计洋五十万元。除发起人认股十五万外，再招洋三十五万元"[3]。招股之后的中国图书有限公司很快扩展机构，在河南路商务印书馆对面设立发行所，在南市陆家浜设立印刷厂，并计划在"南北繁要各埠逐渐添设分局（专营发行）"，有与商务印书馆一争高下之势。

三是有助于重大出版项目的完成。许多优秀的出版项目规模较大，很难从出版企业内部筹得足够资金，这就需要通过股份制来募集社会资金。

---

① 徐凌霄、徐一士：《同文书局始末》，载《凌霄一士随笔》，山西古籍出版社，1997，第470页。

② 《中国图书有限公司招股缘起》（1906年），载宋原放主编《中国出版史料（近代部分）》第三卷，湖北教育出版社，2004，第151页。

③《申报》1906年5月6日。

以清光绪年间点石斋与同文书局竞相翻印《古今图书集成》为例，鉴于《古今图书集成》卷帙浩繁，耗资巨大，两家机构都不约而同地采用向社会招股的方式，并在《申报》上打了一场小小的广告战。如光绪九年四月二十七日（1883 年 6 月 2 日），点石斋刊登《招股缩印〈古今图书集成〉启》，启文首先说明《古今图书集成》的价值和翻印的意义，又说明集股的原因和办法，确定印 1500 部，每部为一股，每股白银 150 两，三次交齐，三年完工。而光绪九年六月十八日（1883 年 7 月 21 日），同文书局在《申报》刊登《同文书局石印〈古今图书集成〉启》，拟集 1500 股，每部一股，每一股股银因拟印的款式不同而不同。①

三、法律环境

辛亥革命之前，清政府借鉴西方法制经验，逐渐完成了以"六法"为基础的近代法律体系建设②。在上述法律体系中，尤以 1910 年颁布的《大清著作权律》对出版业的意义最为重大。它作为我国第一部著作权保护的成文法，第一次对著作权定义、著作物范围、作者权利、著作权保护期限、取消著作权的程序、对著作权的限制和侵权行为的处罚等做了明确规定。进入民国，《北洋政府著作权法》（1915 年）和《国民政府著作权法》（1928 年）先后出台，尽管因为政权更替或时局动荡，上述法律或多或少未能真正贯彻执行，但是它们将著作人和出版人权利保护向前推进了一大步，为出版业提供了良好的法律环境。

---

① 裴芹：《〈古今图书集成〉研究》，北京图书馆出版社，2001，第 192 页。
② 张晋藩：《中国法律的传统与近代转型》，法律出版社，1997，第 448–464 页。

（一）稿酬制度的建立及意义

古代很早就有作文取酬的记载（一般称为"润笔""润笔钱""润笔资"），南宋学者洪迈在《容斋随笔》一书中就提到："作文受谢，自晋宋以来有之，至唐始盛。"[①]而王楙在《野客丛书》中则将时间前推了四百多年，"作文受谢，非起于晋、宋。观陈皇后失宠于汉武帝，别在长门宫，闻司马相如天下工为文，奉黄金百斤为文君取酒，相如因为文以悟主上，皇后复得幸。此风西汉已然，孙登相如赋曰：长门得赐金"[②]。明末清初学者顾炎武则认为"陈皇后无复幸之事，此文盖后人拟作，然亦汉人之笔也"[③]。如果顾炎武的推断不差的话，那么我国作文受谢的现象早在汉代就已出现。而汉代之后各朝代"润笔"现象更为普遍，如宋代大文豪欧阳修，时人曾慥在《高斋漫录》中曾记载："欧公作王文正墓碑，其子仲仪谏议送金酒盘盏十副，注子二把，作润笔资。"[④]而据沈括《梦溪笔谈》记载，北宋太宗皇帝还专门为"润例"（润笔钱数）立下规章，可见"润笔"风气之流行："内外制凡草制除官，自给谏、待制以上，皆有润笔物。太宗时，立润笔钱数。降诏刻石于舍人院，每除官，则移文督之。在院官下至吏人、院驺，皆分沾。元丰中，改立官制，内外制皆有添给，罢润笔之物。"[⑤]

尽管"润笔"现象普遍存在，但这并不意味着古代就已经确立了稿酬制度。这主要是因为：（1）对绝大多数文人而言，文章写作并非奔着"润笔"而去，卖文图利者终究是少数。古代不乏坚辞"润笔"

---

① ［宋］洪迈：《容斋随笔》，凤凰出版社，2009，第117页。
② ［宋］王楙：《野客丛书》，中华书局，1987，第195页。
③ ［明］顾炎武：《日知录集释》，上海古籍出版社，1985，第1478页。
④ ［宋］曾慥：《高斋漫录》，中华书局，1985，第1页。
⑤ ［宋］沈括：《梦溪笔谈》，凤凰出版社，2009，第16页。

者，如苏轼为姚淳写成《苏州姚氏三瑞堂》一诗，姚淳派人送上唐僧怀素的《草书千文》以做润笔，苏轼婉拒并致书姚淳说明理由："昨惠及千文，荷雅意之厚。法书固人所共好，而某方欲省缘，除长物旧有者，犹欲去之，又况复收耶？谨却封纳。"不久姚淳又赠送名香八十罐，苏东坡亦请人代为退回，在书信中他说："姚君笃善好事，其意极可佳，然不须以物见遗也。惠香八十罐，却托还之。已领其厚意，与收留无异，实为他相识所惠皆不留故也。"这一点或许是受到传统义利观的影响，"君子喻于义，小人喻于利"，卖文求利有损气节道义，"如果有哪一位作家的作品在市场上被人买过来卖过去，不仅被视为是这个作家的不幸，同时被视为是整个文坛的不幸，引起诸如'斯文扫地''流落坊间'之类的感叹乃至愤怒"①。（2）文章购买者大多数是为提高家族或个人声誉，积累社会资本，或者是基于政府运转需要，并不是将之出版、销售以赚取利润。（3）综合史料可见，除去书画作品，古代可得"润笔"之资的文字主要是两类：一是为皇帝、朝廷、官府起草文件或著书，二是为权贵或个人拟制碑铭、墓志、传序。这些都属于应用文的范畴，真正占据主流的，能体现自我价值与思想的纯文学性作品不在其列，并且这些文字都属于"定制"作品，有特定对象及特定内容，酬金支付也多采用馈赠方式，个人感情色彩十分浓厚。②

稿酬制度正式在中国出现是 19 世纪后期。以往学术界将 1884 年《点石斋画报》的征稿活动看作稿酬制度形成的标志：

---

① 鲁湘元：《稿酬怎样搅动文坛——市场经济与中国近现代文学》，红旗出版社，1998，第 6 页。
② 黄果泉：《雅俗之间：李渔的文化人格与文学思想研究》，中国社会科学出版社，2004，第 31-32 页。

本斋印售画报，月凡数次，业已盛行。惟各外埠所有奇奇怪怪之事，除已登《申报》者外，未能绘入图者，复指不胜屈。故本斋特告海内画家，如遇本处有可惊可喜之事，以洁白纸新鲜浓墨绘成画幅，另纸书明事之原委，函寄本斋。如果惟妙惟肖，足以列入画报者，每幅酬笔资洋两元。其画收到后当付收条一张，一俟印入画报，即凭本斋原条取洋。如不入报，收条作为废纸，以免两误。①

据近年来一些学者的考证，稿酬制度出现的时间或许更早。如《申报》在 1877 年 10 月 17 日就曾刊载广告"有图求说"云："择其文理尤佳者一卷，愿送润笔洋 20 元，次卷送洋 10 元，便即装印成书出卖，余卷仍发还作者，决不有误，惟望赐教为幸。"② 这比点石斋的征稿又提前了 7 年。当然，稿酬制度真正在出版业中得到普遍应用还需等到 20 世纪初。如上海《同文沪报》1901 年时刊登了名为《东亚益智译书局叙例》的广告，广泛征稿的同时许华文译者以稿酬："译出之书……当酌送润笔之资或提每部售价二成相酬。"③ 再如 1902 年梁启超在编辑《新小说》杂志时曾"广征海内名流杰作"，并宣布依据质量给予稿酬，其中著述按质量分为四等，分别给予每千字 4 元、3 元、2 元、1 元的酬金，译本按质量分为三等，分别给予每千字 2.5 元、1.6 元、1.2 元的酬金。④

在稿酬制度的刺激下，写作者的心态悄然发生变化。1906 年时就有人感叹中国社会从以往的科举社会变成了今日的小说世界，以往奋斗于科

---

① 《请各处名手专画新闻启》，《申报》1884 年 6 月 8 日。
② 王玉琦：《清末民初文学传播中的稿酬制现象》，《江西财经大学学报》2007 年第 5 期。
③ 吴靖：《中国近现代稿酬制度流变考略》，《书屋》2013 年第 7 期。
④ 《新小说社征文启》，《新民丛报》第十九号（1902 年）。

场的文人现在都转攻小说写作,长此以往,小说汗牛充栋的场景当不远矣。①
不难想象,这些写小说者绝大多数都是奔着稿酬而去。如晚清著名小说家
吴趼人,1903 年至 1910 年间创作作品总计在 330 万字以上,平均下来每
天至少写成一千字。谈及自己的勤奋,他常常自嘲是迫于生计:"我佛山人,
终日营营,以卖文为业。或劝稍节劳。时方饭,乃指案上曰:'吾亦欲节劳,
无奈为了这个。'或笑曰:'不图先生吃饭,乃是咬文嚼字。'"②

　　当然,清末文人心态的转变并不是一蹴而就的,即使到稿酬制度盛行
的清末,依然有许多作者声明不取报酬或者不愿署真名,如 1909 年 10 月
创刊的《小说时报》在征文时就做出如下允诺:"欲借本报发表不愿取资者,
本报苟经登录,亦必有报酬,用答高谊。"而迟至 1914 年 5 月创刊的《小
说丛报》,在其征文通告中还特地声明:"有不愿受酬者请于稿尾注明。"
但是,大多数作者对稿酬的态度有了明显变化。近代著名翻译家林纾即一
个很好的例子。1899 年汪康年在《中外日报》上刊登告白,为昌言报馆出
版的《巴黎茶花女》《新译包探案》《长生术》三书做广告,其中提及重
金购得林纾译稿一事,"《巴黎茶花女》小说,情节变幻,意绪凄恻,前
经福建某君译出付刊。现本馆特向译书之人,用巨资购得,另用铅字排印,
发各省销售,并附新译《包探案》《长生术》二种,不日出书"③。作为《巴
黎茶花女》《新译包探案》《长生术》三书译者的林纾,见到该告白后颇
为不满,写信给当时担任《昌言报》主笔的汪康年,言明自己写作并非为
了出售获利:"昨阅《中外日报》,有以巨赀购来云云。在弟游戏笔墨,

① 寅半生:《小说闲评·叙》,《游戏世界》1906 年第 1 期。
② 我佛山人:《咬文嚼字》,《新小说》1903 年第 10 号。
③《告白》,《中外日报》1899 年 4 月 24 日。

本无足轻重，唯书中虽隐名，而冷红生三字颇有识者，似微有不便。弟本无受赀之念，且此书刻费出诸魏季渚观察，季渚亦未必肯收回此款。"④从"游戏笔墨，本无足轻重""无受赀之念"等文字不难看出，林纾此时尚持传统文人"耻言利"的观念。但十多年后，林纾不仅依靠卖文取得巨额稿酬，而且在稿酬上还"锱铢必较"，1916年他曾为字数计算问题写信给高梦旦，要求补找稿酬，最终商务印书馆补给林纾六百多元稿费。⑤

稿酬制度的建立虽然为创作带来某些负面影响，如时人所批评的那样，"著书与市稿者，大抵实行拜金主义"⑥，"操觚之始，视为利薮，苟成一书，售诸书贾，可博数十金，于愿已足，虽明知疵累百出，亦无暇修饰"⑦。但是其正面影响无疑是最值得肯定的。正如文学史家李欧梵所指出的那样，"他们勤奋努力的结果创造了一种新的职业：他们的作品在商业上的成功证明搞文学可以成为一种独立的和很可能赚钱的职业"⑧。以通俗小说家包天笑为例，他走上译书道路其实非常"偶然"，1901年他的谱兄弟杨紫骥偶得一册类似《茶花女遗事》的英文小说，因为喜欢便随读随讲给包天笑听，包天笑便半开玩笑地建议杨紫骥不妨将该书翻译出来，两人一拍即合，便共同翻译了这本《迦因小传》，连载于《励学译编》。同年，包天笑还从日文中选译了《三千里寻亲记》和《铁世界》两部小说，两书篇幅不长，前者一万多字，后者三四万字，后来交给上海文明书局出版。文明书局给予包天笑的稿酬着实不菲，两部小说的版税达100元。这极大地刺

---

④ 潘建国：《晚清汪康年出版〈巴黎茶花女遗事〉始末考》，载《古代小说文献丛考》，中华书局，2006，第206页。

⑤ 东尔：《林纾与商务印书馆》，载《商务印书馆九十年》，商务印书馆，1987，第542-543页。

⑥ 天缪生：《中国历代小说史论》，《月月小说》1907年第1卷第11期。

⑦ 寅半生：《小说闲评·叙》，《游戏世界》1906年第1期。

⑧ [美]费正清编：《剑桥中华民国史（上）》，杨品泉等译，中国社会科学出版社，1994，第508页。

激了包天笑的译述热情："这不过是一时高兴，译着玩的，谁知竟可以换钱。而且我还有一种发表欲，任何青年文人都是有的，即使不给我稿费，但能出版，我也高兴呀！……我于是把考书院博取膏火的观念，改为投稿译书的观念了。"①

（二）《大清著作权律》的颁布及对中国近代出版业的影响

虽然我国古代存在版权保护的意识和方式，如中央官府对私刻本发布"犹禁擅镌"令、地方官府对私刻本和坊刻本发布禁镌榜文与牒文以及利用"牌记"进行版权保护，但是上述几种方式在保护作者和出版者权益方面的作用十分有限，正如学者所指出的，"至少在对作者——那些真正具有创作投入的人——的保护上，可资利用的'资源'实在是'贫瘠'得很"②。到了晚清，政府在保护著作人和出版商正当权利方面依然乏善可陈，出版商主要依靠向政府申请版权保护来维护自己的正当利益。光绪二十五年（1899年），江南分巡苏松太兵备道应东文学社的请求颁布禁止其他书商私自翻印的告示，以保护该社所编图书的版权。③光绪二十九年（1903年）五月，江南分巡苏松太兵备道应上海南洋公学售书处请求，为南洋公学译书院所出60余种书籍颁布版权保护告示。④尽管这种通过官府文告来保护权利的做法有其作用与价值，但是对出版商和出版业而言却非长远之计。首先，此种形式的保护缺乏普遍性。"在封建社会的法律文化中，法律规范是特殊性的（只适用于一部分人），而不是普遍性的（不适用于社会全体成员），法律关系成了给一些人特权以及为保护其他一些利益的特

---

① 包天笑：《钏影楼回忆录》，中国大百科全书出版社，2009，第174页。
② 周林、李明山主编：《中国版权史研究文献》，中国方正出版社，1999，第5页。
③ 张静庐：《中国近代出版史料·初编》，上海书店出版社，2003，第318页。
④ 张静庐：《中国近代出版史料·初编》，上海书店出版社，2003，第319页。

权网。不公平待遇成为取得法律社会成员资格的代价。"[1] 在当时的出版业，情况也是如此，叶德辉在《书林清话》中就曾谈及此种方式的弊端，"当时一二私家刻书，陈乞地方有司禁约书坊翻板，并非载在令甲，人人之所必遵。特有力之家，声气广通，可以得行其志耳"[2]。以前文所举东文学社和南洋公学译书院为例，东文学社创办者为著名学者、后曾任晚清学部二等谘议官的罗振玉，南洋公学译书院背后的支持者则是赫赫有名的盛宣怀，两家出版机构均属"有力之家"。在涉及案件具体查办时，官府对出版商权利保护的力度与速度更是取决于出版商"有力"与否。1903 年，文明书局出版的《群学肄言》被杭州史学斋老板陈蔚文易名翻印，文明书局总办廉泉一方面拉股东中有声名势力者联名呈请将盗印的图书全部充公，并进行罚款；一方面又因为该书商同时也翻印了南洋公学译书院出版的严复《原富》一书，而该书是盛宣怀花费 2000 元为南洋公学译书院购得，于是廉泉运动盛宣怀出面过问此事，盛宣怀很快就答应了文明书局的请求，拍电报给浙江巡抚要求对该书商进行严惩。在盛宣怀的干预下，浙江巡抚很快就出示查禁，并将陈蔚文捉拿判罚。其次，这种保护对一般盗版翻印者有威慑力，但是对拥有官方背景的翻印者却无能为力。例如文明书局曾向官府提出图书版权的要求，并得到袁世凯的支持，"该局编译印行之书，无论官私局所，概禁翻印，以保版权。……烦请查照施行"[3]。但是当北洋官报局大量盗印文明书局相关书籍时，作为北洋大臣的袁世凯明显袒护属下，电请商部及大学堂撤销对文明书局印书的版权保护。[4] 因此，当时

---

① 刘作翔：《法律文化理论》，商务印书馆，1999，第 162 页。

② 叶德辉：《书林清话》，辽宁教育出版社，1998，第 34 页。

③《北洋大臣袁宫保为文明书局事咨各督抚文》，《大公报》1903 年 1 月 9 日。

④《书局停办》，《大公报》1904 年 3 月 6 日。

就有人批评袁世凯"自许人以专利，而自得翻印，有短垣而自逾之，致启效尤之渐而使此后版权之利将不复可信用哉"①。

正因如此，近代出版界和著作者都迫切希望出台著作权法以维护自身利益。例如严复曾向朝廷提议制定版权法，"国无版权之法者，其出书必希，往往而绝。希且绝之害于教育，不待智者而可知矣"②。前述文明书局总办廉泉也曾上书商部，呼吁清政府仿效西方通例，制定相应的著作权法，"念私家译之勤劳，援东西各国之公例，将版权法律奏准通行，于朝廷兴学、保商之政教不无裨助"③。随着中西方交流的增多，西方政府也希望清政府出台相关著作权法，以保证本国侨民的利益。在各方呼声与压力之下，《大清著作权律》于1910年正式颁布。尽管清政府在《大清著作权律》颁布后的第二年就被革命党人推翻，但是《大清著作权律》对近代出版业的作用和影响却不容低估。

首先，作为我国历史上首部著作权法，《大清著作权律》的出现，终结了我国以往作者或出版者权利保护只能依靠官府出具告示的落后局面，正式将版权保护纳入法制轨道。同时，《大清著作权律》的出台改变了以往版权保护仅仅局限在上海、北京等少数出版业发达地区的境况，将保护的范围扩展到整个中国，从某种意义上推动了其他地区出版业的发展。

其次，尽管《大清著作权律》出台不久清政府即垮台，但是《大清著作权律》并没有立即废止，1912年9月26日北洋政府内务部发布通告："著作物注册给照，关系人民私权。本部查前清《大清著作权律》

---

① 《论直隶督请撤销版权之谬》，《中外日报》1904年3月8日。

② 王栻主编：《严复集》第三册，中华书局，1986，第577页。

③ 廉泉：《廉部郎声复商部请奏订版权法律呈稿并批》，《大公报》1904年4月17日。

尚无与民国国体抵触之条，自应暂行援照办理。"[①]1914年，北洋政府司法部还专门批转5月19日农商部信函，内称："据全国商会联合会呈称：据上海总商会议董印有模提议，请通令各省严办翻版一案，经大会议决，理合呈请转咨司法部通饬各省审判官厅，遇此等案件，务须按律办理等情。"北洋政府司法部批转文告认为：《大清著作权律》第33条以下对侵犯著作权的处罚极严，从全国商会联合会呈文所说的翻版案件看，湘、鄂、粤、鲁、川、豫等省发案率最为严重，已经发案并正通过诉讼程序进行处理的翻版案件，几乎无省不有。由此足以证明，此类翻版盗印案件日渐增多，非援用《大清著作权律》对版权进行切实保护不可。为此，中央司法部特通告各省审判厅及诉讼管理部门，及各县知事，嗣后凡是遇有侵害版权案件，务必按照前清《大清著作权律》第40条规定的处罚标准，严格处理，不得稍涉轻纵。[②]1915年，北洋政府正式颁布了新修订的《著作权法》。其实，新修订的《著作权法》并没有多少新内容，只是对《大清著作权律》中的某些条款稍加改动，例如把著作权登记主管部门由民政部改为内务部，在"著作物"条款项下增加了"讲义""演述"内容，主体内容与《大清著作权律》大致相同。1928年，国民党政府也颁布了《著作权法》，同样也是在《大清著作权律》基础上进行修改补充的著作权法。[③]

---

① 《内务部通告著作物呈请注册者暂照前清著作权律分别核办文》，《政府公报》第149号，1912年9月26日。

② 《司法部通饬严办翻版案件》，载周林、李明山主编《中国版权史研究文献》，中国方正出版社，1999，第135页。

③ 郑成思：《版权法》，中国人民大学出版社，1990，第282页。

四、教育环境

张元济曾有诗曰："昌明教育平生愿，故向书林努力来。"这是他的自述心志，我们也可从中看出出版与教育之间的紧密联系。正如王建辉考察近代教育与出版的关系时所言："新教育与新出版便构成中国近代化运动中互为经纬的主要内容之一。可以说，具有同质性的新出版与新教育，其发展历程是共生共荣，互为促进，相得益彰的。"[1]下文主要阐述新式教育的发展及其对出版业的影响。

（一）新式教育的兴起

我国新式教育起源于19世纪60年代开始的洋务运动。鸦片战争的失败使得洋务派意识到创办新式教育的紧迫性，如1861年冯桂芬就建言在广东、上海两地设立翻译公所，以培养通西文的人才。[2]而清政府出于外交需要，也愈发重视翻译人才的培养。如奕䜣、桂良、文祥等人在《统筹全局善后章程》中就奏请从各地选派精通外文者进京学习。[3]第二次鸦片战争之后签订的中英、中法《天津条约》都声明以后的文书不再用中文[4]，使得培养翻译人才成为当务之急。正是在这种背景下，以培养翻译人才为目的的京师同文馆于1862年正式成立。此后，上海同文馆（1863年）、广州同文馆（1864年）、新疆俄文馆（1887年）、台湾西学馆（1887年）、珲春俄文书院（1888年）、湖北自强学堂（1893年）等外国语学

---

① 王建辉：《近代出版与近代教育》，《编辑之友》2001年第6期。

② 冯桂芬著，戴扬本评注：《校邠庐抗议》，中州古籍出版社，1998，第210页。

③ 奕䜣：《奏议设同文馆》，载汪家熔辑注《中国出版史料（近代部分）》第一卷，湖北教育出版社，2004，第355页。

④ 奕䜣：《奏议设同文馆》，载汪家熔辑注《中国出版史料（近代部分）》第一卷，湖北教育出版社，2004，第355页。

堂也都相继出现。①

除此之外，洋务运动兴起后，"西艺"人才的培养也越来越受重视。洋务运动时期，中央和地方洋务派开设了中国近代最早的军事学校和科学技术学校，军事学校共15所，包括福州船政学堂（1866年）、上海江南制造局操炮学堂（1874年）、广东实学馆（1880年）、天津水师学堂（1880年）、天津武备学堂（1885年）、广东黄埔鱼雷学堂（1886年）、广东水陆师学堂（1887年）、北京昆明湖水师学堂（1888年）、山东威海卫水师学堂（1889年）、江南水师学堂（1890年）、北洋旅顺口鱼雷学堂（1890年）、山东烟台海军学堂（1894年）、江南陆师学堂（1895年）、湖北武备学堂（1896年）、直隶武备学堂（1896年）等。科学技术学校共14所，包括福州电报学堂（1876年）、天津电报学堂（1880年）、上海电报学堂（1882年）、金陵同文电学堂（1883年）、两广电报学堂（1887年）、台湾电报学堂（1890年）、湖北算术学堂（1891年）、湖北矿务局工程学堂（1892年）、天津医学堂（1893年）、山海关铁路学堂（1895年）、南京铁路学堂（1896年）、江南储材学堂（1896年）、南京矿路学堂（1898年）、上海江南制造局附设工艺学堂（1898年）等。②这些新式学校虽然在封建教育制度方面打开了一个缺口，对新式教育有创造之功，但遗憾的是未能更进一步，主要原因是洋务派在思想认识上存在局限性。正如梁启超所指出的："然尽此六十年中，朝士即有言西法者，不过称其船坚炮利制造精奇而已，所采用者，不过炮械军兵而已。无人知

---

① 金林祥：《中国教育制度通史》第6卷清代（下），山东教育出版社，2000，第109页。

② 金林祥：《中国教育制度通史》第6卷清代（下），山东教育出版社，2000，第115-122页。

有学者，更无人知有政者。"①除此之外，民间亦有新办新式学堂者，如同治十三年（1874年）无锡徐寿和英国人傅兰雅发起，邀集中西绅商捐资在上海创设格致书院，除延聘西方学者教习化学、矿学并按期延请中西名人学士讲演格致学理外，还设有博物院、藏书楼供学生实习和阅览之用。光绪四年（1878年），上海张焕纶创办正蒙书院，分设国文、舆地、经史、时务、格致、数学、歌诗等科。但这些学堂数量较少，规模也较小，故而影响也极有限。

甲午战争爆发宣告洋务运动失败，教育救国思潮在中国兴起，"甲午庚子以还，内为志士所呼号，外受列强之侮辱，始知教育为中国存亡之绝大问题，于是众口一声，曰教育、教育"②。在此之后，新式书院在地方士绅的支持下如雨后春笋般崛起，如光绪二十二年（1896年）邢廷荚、成安等人在陕西创设格致实学书院，教授天文、地舆、吏治、兵法、格致、制造等知识。光绪二十三年（1897年），廖寿丰等人在杭州创设求是书院，延请西人教授各种西学。③戊戌变法期间，光绪皇帝接受康有为的奏请，发布上谕，要求各地将书院改为兼习中学、西学之学校，"以省会之大书院为高等学，郡城之书院为中等学，州县之书院为小学……其地方自行捐办之义学、社学等，亦令一律中西兼习，以广造就"④。虽然戊戌政变后各种新政被废除，学堂停罢，各省书院照旧办理，但书院改学堂已是大势所趋。1901年清政府实行"新政"，下旨推动书院改学堂："人才为政事之本，作育人才，端在修明学术……除京师已设大学堂，应行切实整顿外，

① 梁启超：《梁启超全集》，北京出版社，1999，第191页。
② 钱曼倩、金林祥：《中国近代学制比较研究》，广东教育出版社，1996，第57页。
③ 陈景磐：《中国近代教育史》，人民教育出版社，1983，第93页。
④ 朱寿朋编，张静庐等校点：《光绪朝东华录》（4），中华书局，1958，第4126页。

著各省所有书院，于省城均改设大学堂，各府及直隶州均改设中学堂，各州县均改设小学堂，并多设蒙养学堂。"①

　　尽管有清政府的鼓励以及一些地方高官的推动，但新式学堂的发展依然缓慢，其根本原因就在于科举制度的持续存在。1903年3月，张之洞、袁世凯等人奏请进行科举改革，希望通过减少科举名额的方式渐进式地废除科举制度，"况科举之为害，关系尤重，今纵不能骤废，亦当酌量变通，为分科递减之一法"②。1905年，袁世凯直接上奏清帝请求废除科举："而我国独相形见绌者，则以科举不停，学校不广，士心既莫能坚定，民智复无由大开，求其进化日新也难矣。故欲补救时艰，必自推广学校始。而欲推广学校，必自先停科举始。"③清帝准其奏请。延续了1300年之久的科举制度终于被废除，这也为新式教育的发展扫清了最后的障碍，据统计，1895年前全国仅有新式学堂20所，1895—1898年间增加了19所，1903年新式学堂达到769所，1904年猛增至4476所，1905年更是高达8277所。④

（二）新式教育兴起对中国近代出版业的影响

　　新式教育兴起对中国社会影响深远，对中国出版业而言，其影响主要表现在以下几个方面。

1. 扩大出版市场

　　据统计，在清代中叶之前，每年生员（能够参加最低等的院试）的数

---

① 朱寿朋编，张静庐等校点：《光绪朝东华录》（4），中华书局，1958，第4719页。
② 朱有瓛：《中国近代学制史料》第二辑上册，华东师范大学出版社，1987，第105页。
③ 朱有瓛：《中国近代学制史料》第二辑上册，华东师范大学出版社，1987，第111页。
④ 王笛：《清末近代学堂和学生数量》，《史学月刊》1986年第2期。

量约为 53 万，后期增至 64 万。[①] 自晚清政府推行新式教育之后，新式学堂及学生数量剧增。据历史学者王笛的统计，1902 至 1911 年间近代学堂由 769 所发展至 52500 所，在校学生最多时达到 163 万多人（见表 2-1）。

表 2-1 清末近代学堂和学生数量一览表 [②]

年代	1903	1904	1905	1906	1907	1908	1909	1910	1911
学堂数	769	4476	8277	23862	37888	47995	59117	42696	52500
学生数	31428	99475	258873	545338	1024988	1300739	1639641	1284965	—

进入民国，社会广泛重视，教育事业得以进一步发展。以初等教育（含小学、初等小学、简易小学、幼稚园及其他）为例，1912 年全国小学校共有 86318 所，学生数为 2798475 人，到 1916 年上述数字分别增加至 128525 所，4140066 人，都增长了 48%。[③] 另据学者统计，近代的留学生大约 4 万人，主要有官费生、自费生、传教士资助的教会留学生、美国和英国退回部分"庚子赔款"派出的留学生以及勤工俭学学生 [④]，这些留学生也是购买书报的重要群体。

数量庞大的新式学生群体对新式教科书的需求为出版企业快速成长提供了机遇。以教科书为例，新式教育需要新式教科书提供蓝本 [⑤]，许多出版企业因教科书获得巨大成功。商务印书馆即是此中代表，1903 年时营业额仅约30万元，1912 年营业额约168万元，1931 年营业额则达到1438

---

① 李铁：《中国文官制度》，中国政法大学出版社，1989，第 148 页。

② 王笛：《清末近代学堂和学生数量》，《史学月刊》1986 年第 2 期。

③ 教育部教育年鉴编纂委员会：《第二次中国教育年鉴》，上海商务印书馆，1948，第 1455 页。

④ 李喜所：《近代留学生与中外文化》，天津教育出版社，2006，第 1 页。

⑤ 1904 年胡适进入张焕纶主办的上海梅溪学堂就读，据胡适回忆，梅溪学堂的课程体系尚不完善，"只有国文、算学、英文三项。分班的标准主要是看国文程度。国文课用的是文明书局的《蒙学读本》，英文课用的是《华英初阶》，算学课用的是《笔算数学》"。见耿云志：《胡适年谱》，四川人民出版社，1989，第 10 页。

万元，不到30年，营业额增长近47倍①。其业绩的快速增长主要依靠教科书，"商务、中华、世界所以能成为出版界的翘楚，唯一的基本条件是印数最多的教科书……其他各小出版家，如果没有教科书或其他销数较大的出版物，往往都倏起倏灭，不能维持到十年二十年之久，更谈不上什么发展"②。除了教科书，其他类型读物的销量也都受到学生数量增长的影响，例如包天笑翻译的《馨儿就学记》，到绝版止，销售了数十万册。"《馨儿就学记》何以销数独多呢？有几个原因。一，那书的初版是在庚戌年，即辛亥革命的前一年，我全国的小学正大为发展。……后来有好多高小学校，均以此书为学生毕业时奖品，那一送每次就是成百本，那时定价每册只售三角五分。"③

2. 壮大编辑队伍

一方面是壮大"兼职"编辑队伍。近代新式学堂多将译书作为必修课，以京师同文馆为例，其成立之初就十分重视培养学生的翻译能力，"自开馆以来，译书为要务。其初，总教习、教习等自译。近来，学生颇可襄助。间有能自行翻译者"④。1876年公布的"八年课程表"规定学生"第一年为识字、写字，浅解辞句，讲解浅书；第二年讲解浅书，练习句话，翻译条子外，第三年就要翻译选编，同时讲授各国地图，阅读各国史略；第四年翻译公文，同时进行数理启蒙，学代数；第五到第八年都要练习译书"⑤。到了五四新文化运动时，"学生应该办几种杂志"，"我

---

① 王云五：《商务印书馆与新教育年谱》，江西教育出版社，2008，第347、356页。

② 章锡琛：《漫谈商务印书馆（选）》，载宋原放《中国出版史料》（近代部分 第3卷），湖北教育出版社，2004，第104页。

③ 包天笑：《钏影楼回忆录》，中国大百科全书出版社，2009，第385页。

④ 陈向阳：《晚清京师同文馆组织研究》，广东高等教育出版社，2004，第203页。

⑤ 叶再生：《中国近代现代出版通史》第一卷，华文出版社，2002，第272页。

们将来的生活，总离不了教育界和出版界，那么，我们曷不在当学生的时候，练习一回呢"①的想法流行于学生界，办刊成为一时潮流。张国焘回忆自己在北大的求学经历时也说："要救国，就要组织团体，发行一种刊物，作为行动的第一步。当时这种组织小团体的想法颇为流行，不少有抱负的青年都想借以一试身手，登高一鸣。"②

另一方面是壮大"专职"编辑队伍。许多大学生在上学期间就同书业打交道，毕业后即进入书局工作，杭州大学的唐鸣时即是如此。当时还是杭州大学二年级学生的他，同来自全国各地的其他几十名大学生一道，被商务印书馆聘为暑期编辑，"录取的大约几十人集体同居共食，楼上住宿，楼下工作，习惯于学生生活，有这样的安排，很觉舒适。这次招来的人，遍及全国各大学，南高、北大名额较多，大都大学专科毕业生"③。从杭州大学毕业，唐鸣时即进入商务编译所工作。另外一个不可忽视的学生群体就是负笈海外的留学生，许多人学成归来后成为各大书局的编辑骨干。如在英国留学的杨端六，1917 年曾在上海《太平洋杂志》上发表过一篇题为《会计与商业》的文章，1920 年回国后即被张元济聘请加入商务印书馆。据商务老人周越然的统计，从 1897 年到 1930 年，商务编译所一共进用了留学生 75 人，其中包括留法者 2 人、留英者 3 人、留美者 18 人、留日者 49 人。若以编译所人数 300 人计算，留学生的比例约为 25%。④

---

① 傅斯年：《〈新潮〉发刊旨趣书》，《新潮》1919 年第 1 卷第 1 号；《〈新潮〉之回顾与前瞻》，《新潮》1919 年第 2 卷第 1 号。

② 张国焘：《我的回忆（上册）》，东方出版社，2004，第 43 页。

③ 唐鸣时：《我在商务编译所的七年》，载《商务印书馆九十五年》，商务印书馆，1992，第 277 页。

④ 周越然：《我与商务印书馆》，载《商务印书馆九十五年》，商务印书馆，1992，第 167 页。

3. 赋予出版新的社会功能

科举是古代社会人才流动的主要渠道，许多出身社会底层的"寒微之士"通过科举考试改变了社会身份。1905 年科举制度废除，传统的人才流通路径断绝，报刊成为读书人实现身份转变的重要凭借。简而言之，知识分子通过报刊发表文章获得广泛赞誉，进而取得入职进阶的"社会资本"。这一方面以吴虞的经历最为典型。[1]

吴虞生于 1872 年，少年时倔强之气就毕现无遗，早年肄业于成都尊经学院，戊戌以后则"多览禁籍"，见解常与时俗相异。1905 年，吴虞赴日本习法政之学，开始较为全面地接触西方学说，如宪法、民法、刑法、世界史、社会学、政治学、经济学等学科知识。他将西学知识与儒家学说"比较校勘"，逐渐产生了反孔非儒思想。1907 年，吴虞从日本法政大学毕业回国后，因其言行"大与时俗乖忤"，为当时成都上流社会及教育界所不容。吴虞日后之所以能够成为闻名全国的文化斗士，很大程度上得益于当时报刊的宣传。

吴虞的诗集《秋水集》出版后，曾给范丽诲、柳亚子以及当时正留学日本的张重民、吴君毅等人赠寄，后来范丽诲在报刊上评价吴虞："先生旧学宏深，新知超轶。蜀中多奇才，此'老'其选矣。"[2]柳亚子也刊文称赞吴虞是"西蜀大儒"，"所持极正，所造极深，当代作者，殆罕其匹。故耆硕之士如谢无量、陈独秀、章秋桐、刘申叔辈咸深相推服。即仆亦顶礼而尸视之，以为夐乎其不可及也"[3]。这让吴虞渐渐积累了一

---

① 章清：《民初"思想界"解析——报刊媒介与读书人的生活形态》，《近代史研究》2007 年第 3 期。
② 中国革命博物馆编，荣孟源审校：《吴虞日记》上，四川人民出版社，1984，第 401 页。
③ 中国革命博物馆编，荣孟源审校：《吴虞日记》上，四川人民出版社，1984，第 345 页。

定的社会声望。1916 年 12 月初，吴虞就易白沙《孔子平议》一文写信给陈独秀，畅谈非孔思想的同时也不忘推介自己，"（不佞）非儒之作，成都报纸不甚敢登载。章行严曾语张重民曰辛亥杂诗中非儒诸诗，思想之超，非东南名士所及。不佞极愧其言。然同调至少。如此间之廖季平丈，及贵报通信之陈恨我君之见解，几塞宇内，读贵报大论，为之欣然"[1]。此后，《新青年》先后刊载吴虞的数篇非儒文章，并将之列入《新青年》的知名撰稿人名单，吴虞由此一跃成为全国知名的文化人物。在被四川教育界排斥多年之后，吴虞终获四川法政学校、四川外国语学校、四川国学院等学校的邀请，或讲学，或担任教职。当然，最具代表性的事件是，1921 年夏吴虞出任北京大学教授，自此吴虞完成了从默默无闻的蜀中布衣到名重一时的学界名流的身份转变。

五、技术环境

技术往往是社会变革的关键因素，杜亚泉 1900 年创办《亚泉杂志》时就曾言："航海之术兴，而内治外交之政一变；军械之学兴，而兵政一变；蒸气电力之机兴，而工商之政一变；铅字石印之法兴，士风日辟，而学政亦不得不变。且政治学中之所谓进步，皆借艺术以成之。"[2]杜氏的上述提法是典型的"技术决定论"观点，自然失之偏颇，但新式印刷技术对近代社会发展产生的巨大影响是毋庸置疑的。铅活字印刷、石版印刷等新式印刷技术的引进与普及，加速了中国出版近代化的进程。

---

[1] 吴虞：《致陈独秀》，《新青年》1917 年 2 卷 5 号。

[2] 许纪霖、田建业编：《杜亚泉文存》，上海教育出版社，2003，第 229 页。

（一）新式印刷技术的引进与传播

新式印刷技术的引进与传播发轫于19世纪初期，最先传入我国的是凸版印刷术，稍后是平版印刷术，再后来是凹版印刷术。[①] 新式印刷技术在生产效率方面具有很强的优势，如早期西方传教士设立的上海墨海书馆，率先运用现代西方手摇平台印刷机，以牛车为动力，短时间内即印刷了几十万册的《新约全书》：

> 为了满足当时估计的需要，经詹姆斯牧师（John Angell James）的努力，预订了《新约全书》修订本（通常称之为有代表性《圣经》全译本）100万册。为了实现这项任务，在不列颠及国外圣经会的要求下，将几部大机器运往上海。在上海以牛车为运转工具。认为这样会较快地完成这项工作，并使神圣的《圣经》有广泛的传播。这些机器安装后，立即开始昼夜印刷。几十万册《新约全书》从这里发出。[②]

当然新式印刷技术在中国的应用与普及并非一帆风顺，雕版印刷术在中国古代出版业中长期占据主导地位。作为晚清时期的重要翻译中心，江南制造局翻译馆是一个很好的例证。19世纪70年代，江南制造局翻译馆虽已购置了铅活字印刷机器，但是这些机器实际应用极少，翻译馆依然主

---

① 凸版印刷是用图文部分高于空白部分的凸版进行印刷的技术，常常也被称为铅字印刷，主要有铅活字版、泥版浇铸铅版等类型。平版印刷是用图文与空白部分处在同一个平面上的印版进行印刷的技术，主要有石版印刷、珂罗版印刷、马口铁平印、金属版平印、胶印等类型。凹版是指空白部分在同一平面上，而图文部分则以不同的深度凹进版内来表现图像的不同层次，采用这样的凹版印刷即凹版印刷术。近代常用的凹版主要有雕刻铜版和影写版两种。参见张树栋：《中国印刷通史》，台北财团法人印刷传播兴才文教基金会，2004。

② 范慕韩主编：《中国近代印刷史初稿》，印刷工业出版社，1995，第76页。

要依赖传统雕版印刷技术来刊印书籍。汉学家白馥兰曾指出江南制造局翻译馆依赖雕版印刷的主要原因：一是汉字本身数量庞大且排序复杂，使得雕版印刷的成本与对从业人员素质的要求，要远远低于活字印刷。二是对小作坊或私家刻书而言，雕版易于保存，并且是一次性投入，后续再利用的成本几乎可以忽略不计。三是雕版印刷在图像处理方面具有明显优势，图形的操作对活字印刷来说终究是一个不可能完成的任务。直到照相机出现，雕版在图形处理方面的优势才逐渐被取代。[①]

但是，如果印数较大时，活字印刷技术的优势就体现无遗。例如清代武英殿刻书时，承办人员曾经以《史记》的活字本与雕版本的投入做了一个比较，发现雕版本二千五百余片版，需银二千五百余两，而用活字，每百字一钱，共需银一千五百余两，"两相比较，雕板成本要远高于活字本，再加上《史记》这样的书籍，雕板一次性使用后，再版的机会很少。而若用活字版，可重复利用，自然比雕板省钱得多"[②]。所以，当报纸这种新出版形态出现后，为了满足其时效性和大规模印刷的需求，活字印刷术便迅速在新闻出版业中普及开来，尤其是清末新学制的推行以及科举考试废除后，庞大的中小学教科书需求也使得机器印刷较之传统雕版印刷更加快捷而方便的优势凸显出来。一些有远见的出版企业为了迎合市场的需要，抢占市场先机，力求"朝甫脱稿，夕即排印，十日之内，遍天下矣"[③]，往往重视新式印刷技术的引进与应用。

---

① 房琴：《印刷文化：雕板、活字与抄校》，《书屋》2006 年第 9 期。
② 房琴：《印刷文化：雕板、活字与抄校》，《书屋》2006 年第 9 期。
③ 解弢：《小说话》，中华书局，1919，第 116 页。

（二）印刷技术变革对中国近代出版业的影响

印刷技术的变革是推动出版近代化的动力，也是出版近代化的标志之一。以新式机器印刷为代表的近代印刷技术对出版业的影响是多方面的。

首先，降低了从事出版的门槛。例如平襟亚在谈及民国初年杂志出版的繁荣景象时，认为这一现象除归因于国家革故鼎新之际社会新思潮涌动外，还特别提及"纸张印刷价廉"这一因素，"因为在那时候，举办一种刊物，非常容易，一、不须登记；二、纸张印刷价廉；三、邮递利便，全国畅通；四、征稿不难，酬报菲薄；真可以说是出版界之黄金时代"[①]。印刷价廉自然应归功于印刷技术的更新。印刷技术的变革使得创办一份杂志十分容易，同样也使得成立一家出版社不再困难。1925年，张静庐、卢芳和沈松泉等人创办光华书局时只拿出了25元作为筹备费用，其中一个很重要的原因就是张静庐有印刷界和纸行的关系[②]，先印刷后付款，这也是得益于印刷技术进步所带来的印刷市场竞争日益激烈的结果。再如1935年由巴金、吴朗西、郭安仁、伍禅等人发起筹办文化生活出版社，据巴金回忆，是"朋友们积了一笔钱，虽然不多，但几本书的印刷费总够支付，其余的则靠个人的义务劳动，出版社就这样地办了起来"[③]。

其次，提高了图书产品的数量。以通俗小说为例，从《中国通俗小说总目提要》对通俗小说的收录情况来看，1888年以前，明清两代所刊刻的通俗小说总数仅约460种。[④]而据日本学者丸山浩明在《中国石印版小说

---

① 秋翁：《三十年前之期刊》，《中国出版史料（现代部分）》第一卷上，山东教育出版社，2001，第401页。

② 张静庐：《在出版界二十年》，江苏教育出版社，2005，第77页。

③ 巴金：《随想录》，人民文学出版社，2000，第412页。

④ 江苏省社会科学院明清小说研究中心编：《中国通俗小说总目提要》，中国文联出版公司，1990。

目录》中的统计，清末民初石印通俗小说总数就达到 630 余种[1]，不难看出印刷技术有力地推动了近代小说市场的繁荣。与此同时，当时的石印技术还使得大批量印刷成为可能，阿英在《晚清小说史》就提到《孽海花》在清末图书市场上的畅销情况，"《孽海花》在当时影响极大，不到一二年，竟再版至十五次，销行至五万部之多"[2]。这都应归功于石印术这种新式印刷技术的应用与推广，否则按照传统雕版印刷方式，在如此之短的时间内印成如此之多的图书几乎是没有可能的。

再次，推动了出版物新形态的诞生。例如画报，笔者查阅《上海出版志》《中国近代报刊名录》《广州出版志》以及其他相关资料，发现晚清时期国内出版的画报至少有100种。著名的有《点石斋画报》《飞影阁画报》等。这些画报图文并重，版式灵活多样，内容浅显易懂，使"识字不识字之人，皆得增其见识，扩其心胸也"[3]。民国时期的画报则更加丰富多彩，据彭永祥不完全统计，1911—1926 年间出版的画报画刊，目前可见名录的有200 多种，1927—1936 年间出版的画报画刊有 500 多种，1937—1945 年间出版近 400 种，1946—1949 年间出版的画报知道名目的超过 400 种。[4]特别值得一提的是，被称为"民国第一画报"的《良友》，采用影写版印刷技术，图片精美，质量精良，自 1926 年 2 月 15 日诞生到 1941 年 12 月停刊（1945 年 10 月续办一期），总共出版了 172 期和两个号外，刊物延续近 20 年，在朝生夕灭的近代期刊界可谓名副其实的"寿者"。《良友》的成功也带动了《大众》《中华》《现代》《文华》《时代》等几十种模

---

① 宋莉华：《明清时期的小说传播》，中国社会科学出版社，2004，第 381 页。
② 阿英：《晚清小说史》，东方出版社，1996，第 25 页。
③《论画报可以启蒙》，《申报》1895 年 8 月 29 日。
④ 彭永祥：《中国画报画刊（1872—1949）》，中国摄影出版社，2015。

仿《良友》的大型画报的出现。这些画报引领时尚潮流，紧扣时代脉搏，成为民国文化史上的一道亮丽风景线。

最后，促进了职业编辑的出现。如前所述，近代印刷技术的变革使得入行门槛降低，印刷效率提升，图书市场逐渐从卖方市场过渡到买方市场，市场越来越变化莫测，出版风险亦越来越大。如商务印书馆出版《华英初阶》与《华英进阶》取得成功后，又托人购得日本教科书译稿数十种付印，结果因为图书翻译质量不佳导致亏损严重。正因如此，夏瑞芳意识到编辑的重要性，设立编译所，并请张元济负责其事。此举效果十分明显，1904年商务编译所精心推出的《最新教科书》因为编纂得体，一举确立商务在教科书市场的地位，"一、此处既出，其他书局之儿童读本，即渐渐不复流行。二、在白话教科书未提倡之前，凡各书局所编之教科书及学部国定之教科书，大率皆模仿此书之体裁"⑤。鉴于专职编辑在教科书编纂过程中的重要性，商务印书馆编译所成立之后不断壮大规模，民国初年时已有专职编辑四五十人。⑥

---

⑤ 蒋维乔：《编辑小学教科书之回忆》，载《商务印书馆九十年》，商务印书馆，1987，第56页。
⑥ 包天笑：《钏影楼回忆录》，中国大百科全书出版社，2009，第388页。

第三章
编辑思想近代化

作为编辑活动的指导思想,编辑思想是"编者为实现一定的编辑目的,依据一定的选材标准,采用相适应的编辑体例、编辑方法而形成和依循的一种原则"①。正如学者所指出的,近代化研究不仅是"从分析近代社会的客观现象中,研究设定其特点和标准",而且还需"以人类意识的变革、价值意识、社会观为基础乃至核心,由此研究近代化"。②所以,在注重出版技术、流通体系、出版法律、行业组织等"硬性"条件的基础上,中国出版近代化研究有必要考察以编辑思想为代表的"软性"因素在出版近代化过程中的表现与作用。编辑思想的内涵十分广泛,下文仅以编辑义利观、启蒙思想两点为例,阐述近代编辑思想的转型及其对出版近代化的影响。

①胡光清:《中国古代编辑活动和编辑思想的一般特点——中国古代编辑思想史论之一·叙论(下)》,《编辑之友》1989年第2期。

②[日]武田清子:《比较近代化论》。转引自许晓光:《明治前期日本近代化政治思想研究》,博士学位论文,四川大学,2007,第3页。

一、编辑义利观的演进

诚如宋代理学家程颢所言，"天下之事，唯义利而已"，义利之辩一直是中国思想史上最重要的问题之一，当然也是编辑思想中最核心、最基本的问题。义利问题内涵丰富，笔者以为最重要也最根本的问题还是道德原则和物质利益的关系问题，也就是编辑如何看待盈利的问题。

（一）中国古代编辑义利观概述

中国古代出版业主要有官刻、家刻、坊刻、寺院刻书和书院刻书等五种刻书系统，其中官刻"或以资治，或以教化，或以备史"[①]，家刻"意在阐先人之潜德，发思古之幽情，藉以提高家族、地域的名望，提高自己的名望，博取社会名誉"[②]，寺院刻书多以普及宗教知识、积累功德为鹄的，书院刻书主要以促进教学和增加院藏为宗旨，唯有坊刻是以盈利为目的。尽管坊刻有其意义与价值，但是坊刻在古代社会的影响力有限。一是由于坊刻整体数量偏少，以书坊刻书十分繁荣的明代为例，据缪咏禾先生的推算，有明一代共有出版者4879家，其中官刻227家，坊刻409家，其余均为私家刻书，坊刻只占整个出版者的8%。若将地方志出版者算进来，明代的出版机构将达到6000个，坊刻所占比例则只约7%。[③]二是由于坊刻所刻之书多以科举应试用书、童蒙课本、医药读物和日用杂书为主，且质量不高，常为知识分子阶层所轻视，从未成为出版史或文化史的主流。从这个意义上看，中国古代编辑出版事业具有明显的重

---

① 曹之：《中国古籍编撰史》，武汉大学出版社，1999，第605页。

② 刘尚恒：《徽州刻书与藏书》，广陵书社，2003，第197页。

③ 缪咏禾：《明代出版史稿》，江苏人民出版社，2000，第62页。

义轻利特征，具体而言主要有如下表现。

1. 为求"不朽"进行出版活动

人类总是希望给有限的个体生命赋予永恒的意义，"不朽"遂成为中国传统知识分子孜孜以求的人生价值。"不朽"观念在中国社会出现甚早，成书于春秋末年的《左传》就记载：

> 二十四年春……穆叔曰："以豹所闻，此之谓世禄，非不朽也。鲁有先大夫曰臧文仲，既没，其言立。其是之谓乎？豹闻之，太上有立德，其次有立功，其次有立言，虽久不废，此之谓不朽。若夫保姓受氏，以守宗祊，世不绝祀，无国无之。禄之大者，不可谓不朽。"①

几千年来，"不朽"观念对中国人，尤其是知识分子影响至深。正如胡适所指出的："这古老的三不朽论，两千五百年来曾使许多的中国学者感到满足。它已经取代了人类死后不朽的观念，它赋予了中国士大夫以一种安全感，纵然死了，但是他个人的德能、功业、思想和语言却在他死后将永垂不朽。"② 对一般知识分子而言，立德与立功太难，而"立言"相对来说最为容易，因此古代知识分子常以之作为追求不朽的途径。例如曹丕《典论·论文》就说：

> 盖文章经国之大业，不朽之盛事。年寿有时而尽，荣乐止乎其身，二者必至之常期，未若文章之无穷。是以古之作者，寄身于翰墨，见意于篇籍，不假良史之辞，不托飞驰之势，而声自传于后。③

---

① 李梦生：《左传译注（下）》，上海古籍出版社，2004，第790页。
② 胡适：《胡适学术文集：中国哲学史》，中华书局，1991，第544页。
③ 胡国瑞：《魏晋南北朝文学史》，武汉大学出版社，2013，第213页。

　　文章能否流行于世，除与作者自身才气有关外，也同编辑工作密切相关。北宋大文学家欧阳修曾指出编辑工作对文章流传的重要性，"夫文之行，虽系其所载，犹有待焉。《诗》《书》《易》《春秋》，待仲尼之删正。荀、孟、屈原无所待，犹待其弟子而传焉。汉之徒，亦得其史臣之书。其始出也，或待其时之有名者而后发；其既殁也，或待其后之纪次者而传。其为之纪次也，非其门人故吏，则其亲戚朋友，如梦得序子厚，李汉之序退之也"①。"纪次"即是编辑工作之一种，具体而言，编辑工作具有如下作用。

　　一是可使内容更加完备。古代作品传播与今日不一样，多是单篇，容易散佚，如司马迁写成《史记》时为一百三十篇，到班固《汉书·艺文志》著录时，就已有十篇有录无书。对读者而言，在获得的篇章数量上存在很大差异，这样不利于他们准确而全面地掌握作品全貌。编辑工作的职责之一就是将零散篇章搜罗完全，我们翻看历代古籍的序、跋、前言、后记，不难发现正是因为编辑的存在，古人作品才变得如此齐备有序，我们今天也才有可能一窥古人的思想风貌。以宋代文学家王禹偁为例，虽然晚年他曾亲自编缀文稿，"集为三十卷，名曰《小畜》，盖取《易》之懿文德而欲已之集大成也。《后集诗》三卷、《奏议集》三卷、《承明集》十卷、《五代史阙文》一卷，并行于世"，但这些文字并不是全部，王禹偁的遗篇坠简，尚多散落，后其曾孙王汾"购寻裒类，又得诗赋、碑志、论议、表著凡二十卷，目曰《小畜外集》"②。再如宋人刘弇，"其平生所为文，漫散莫考，浦城所锓才二十有五卷耳，雄篇大册，尚多不著"，罗良弼"惜其零落，冥搜博访，得彭德源、曾如晦等手编数十卷，又得《宏词》《时议》

①［宋］欧阳修：《代人上王枢密求先集序书》，载《欧阳修集编年笺注（4）》，巴蜀书社，2007，第264页。
②祝尚书：《宋人别集叙录》上，中华书局，1999，第29页。

诸编于内相郭明叔家，合而次之，得古律赋三，宏词四，古诗一百四十，律诗一百二十一，绝句一百一，生辰诗一十一，挽诗一十三，乐府六，表一十七，启五十二，书四十四，序一十四，时议六，策问四十五，记十，杂著五，疏语十，祭文一十一，碑志一十二，总三百六十一篇，为三十有二卷，而先生之文略尽矣"[①]。可以说，我们今天能够对古人及古代社会有所了解，进而开展研究都得益于古人的编辑工作。

二是可使作品声名彰显。以添加序跋为例，请名人作序不是当今社会的独特现象，其实古人早已认识到序跋的重要性，"念非推借于名公巨人，则无以增重其价，而铿鍧震耀斯人之耳目属者"[②]。例如晋代左思深知自己属于无名小辈，在《三都赋》写好后，不谢班、张，恐以人废言，乃请皇甫谧为序，张载、刘逵为注，此举果然十分有效，于是，豪贵之家竞相传写，洛阳为之纸贵。不独如此，编辑工作能让一些被历史尘埃所掩盖的"明珠"重新散发光芒。陶渊明的经历就是一个很好的说明。陶渊明的作品在当时并不为人所重，即使是陶渊明好友颜延之作《陶征士诔》，赞美其人品的同时对其作品也仅说"文取指达"而已；南北朝时期刘勰撰写《文心雕龙》，遍评历代文苑英华却独遗陶渊明；诗学大家钟嵘的《诗品》也仅将陶氏作品列为中品。此外，其他如沈约的《宋书·谢灵运传论》、萧子显《南齐书·文学传论》列举历朝名家时也不载陶渊明。陶渊明真正"发达"还得益于萧统，萧统不仅在《文选》中录陶诗八首，而且为陶渊明专门编了一部集子，并为之作序作传，对陶渊明作品的艺术成就做了高度评价："其文章不群，辞采精拔。跌宕昭彰，独超众类，抑扬爽朗，莫之与京。横素波而傍流，

---

① 祝尚书：《宋人别集叙录》上，中华书局，1999，第547页。
② 华初成：《华初成词话》，载《宋金元词话全编》上，凤凰出版社，2008，第451页。

干青云而直上。语时事则指而可想，论怀抱则旷而且真。"萧统还认为陶渊明的作品具有显著的教化功能："尝谓有能观渊明之文者，驰竞之情遣，鄙吝之意祛，贪夫可以廉，懦夫可以立，岂止仁义可蹈，抑乃爵禄可辞，不必傍游泰华，远求柱史。此亦有助于风教也。"① 自此之后，陶渊明在中国文学史上的地位才算是正式确立，而他的作品也才被人们广为接受。

2. 编辑以"道"自重

古代知识分子所追求的终极真理是"道"，虽然大家对"道"的理解有差异，但是大体言之都与诗书礼乐的传统有渊源，并且都是以政治社会秩序的重建为最后的归宿之地，② 宋代大儒张载的"为天地立心，为生民立命，为往圣继绝学，为万世开太平"即是最流行的解释。在追求终极真理的过程中——正如著名社会学家爱德华·席尔思（Edward Shils）所指出的——知识分子都会产生一种"自重"（self-esteem）的感觉，无论这种真理是宗教、哲学或科学。这种自任自重可谓古代知识分子的集体文化纲领，古代编辑出版活动也带有这种浓厚的"自重"感。

以孔子为例，作为中国历史上公认的编辑家，其"删《诗》《书》，订《礼》《乐》，赞《周易》，修《春秋》"正是源于对"世衰道微，邪说暴行有作，臣弑其君者有之，子弑其父者有之"无道局面的忧虑与不满，于是才会有"上明三王之道，下辨人事之纪，别嫌疑，明是非，定犹豫，善善恶恶，贤贤贱不肖，存亡国，继绝世，补敝起废"的编辑活动。而他的编辑活动对扭转无序局面确实也起到了一定作用，如"孔子成《春秋》而乱臣贼子惧"。

---

① ［清］李兆洛选辑，楚生点校：《骈体文钞》，岳麓书社，1992，第 429 页。
② 余英时：《中国知识分子论》，河南人民出版社，1997，第 6-8 页。

著名史学家司马迁忍辱负重编撰《史记》，即有效法孔子、屈原、左丘等倜傥非常之人的情愫："夫《诗》《书》隐约者，欲遂其志之思也。昔西伯拘羑里，演《周易》；孔子厄陈、蔡，作《春秋》；屈原放逐，著《离骚》；左丘失明，厥有《国语》；孙子膑脚，而论《兵法》；不韦迁蜀，世传《吕览》；韩非囚秦，《说难》《孤愤》；《诗》三百篇，大抵贤圣发愤之所为作也。此人皆意有所郁结，不得通其道也，故述往事，思来者。"① 但更重要的是，他身上肩负着文化使命。

先人有言："自周公卒五百岁而有孔子。孔子卒后至于今五百岁，有能绍明世，正《易传》，继《春秋》，本《诗》《书》《礼》《乐》之际？"意在斯乎！意在斯乎！小子何敢让焉。②

因为以"道"自重，所以古人对待书籍出版活动极其严肃认真，很少率尔操觚，粗制滥造。曹之先生曾对历代名著的编纂时间做过统计（见表3-1），从中不难看出古代编辑界强烈的文化使命感和精品意识。直到19世纪末，这种编辑作风依稀尚存，吕思勉对此颇有感触，"犹忆戊戌以前，新书新报初出，执笔者皆一时之俊，诚有救国牖民之热忱。既非以邀名，亦非以牟利；故其言论，能为薄海所信仰。即其时从事日报者，亦多秉公审慎，不敢妄肆雌黄"③。

---

① 司马迁著，郭逸、郭曼标点：《史记》下，上海古籍出版社，1997，第2487页。
② 司马迁著，郭逸、郭曼标点：《史记》下，上海古籍出版社，1997，第2484页。
③ 吕思勉：《吕思勉遗文集》上，华东师范大学出版社，1997，第381—382页。

表 3-1　古代重要作品编纂时间一览①

书名	卷数	时代	编纂者	编纂时间	出处
《史记》	130	汉	司马迁	17 年	《汉书》卷 62
《七略》		汉	刘向等	23 年	《汉书》卷 36
《方言》	15	汉	扬雄	27 年	《四库总目》卷 40
《论衡》	30	汉	王充	31 年	《后汉书》卷 49
《汉书》	120	汉	班固	28 年	《后汉书》卷 40
《说文解字》	30	汉	许慎	21 年	自序及许冲《进书表》
《三国志》	65	晋	陈寿	23 年	《晋书》卷 82
《后汉书》	130	南朝宋	范晔	13 年	《宋书》卷 69
《通典》	200	唐	杜佑	35 年	《旧唐书》卷 147
《资治通鉴》	294	宋	司马光	18 年	《宋史》卷 336
《春秋经解》	12	宋	崔子方	30 年	《四库总目》卷 27
《吴中水利书》	1	宋	单锷	30 年	《四库总目》卷 69
《通志》	200	宋	郑樵	30 年	《兴化县志·郑樵传》
《续资治通鉴长编》	980	宋	李焘	40 年	《宋史》卷 388
《容斋随笔》	74	宋	洪迈	20 年	李翰序
《文献通考》	348	元	马端临	20 年	《新元史》卷 234
《春秋传说集略》	12	元	单庚金	30 年	《新元史》卷 236
《周易集注》	16	明	来知德	29 年	《明史》卷 283
《宋史新编》	200	明	柯维骐	30 年	《四库总目》卷 50
《证治准绳》	120	明	王肯堂	10 年	《明史》卷 221
《读史方舆纪要》	130	清	顾祖禹	21 年	《清史稿》卷 501
《日知录》	30	清	顾炎武	40 年	《清史列传》卷 68
《古文尚书疏证》	8	清	阎若璩	30 年	《清史稿》卷 487
《明史》	332	清	张廷玉等	95 年	《清史稿》等
《十七史商榷》	100	清	王鸣盛	24 年	自序
《续资治通鉴》	220	清	毕沅	20 年	章学诚《邵晋涵传》
《廿二史考异》	100	清	钱大昕	52 年	自序

① 曹之：《中国古籍编撰史》，武汉大学出版社，1999，第 632-635 页。有节略。

当然，儒家知识分子常以传"道"为己任，自觉不自觉地将教化思想引入编辑活动中。例如"礼"是维系封建社会的重要支柱，根据学者的研究，明代统治阶级通过将《性理大全》《明会典》《明集礼》三书"颁之天下"实现了明代家礼的官方传播，但是这种传播仅限于府县一级政府机构和儒学，传播深度与广度有限。为了实现家礼"庶民化"，地方士绅纷纷编纂家礼书籍，进一步简化《性理大全》《明会典》《明集礼》三书中的家礼知识，使之通俗易懂，从而为百姓所接受。据学者不完全统计，已知私修家礼书大约130种，现存完书者近30种。[①]明代丘濬深感当时佛道盛行，儒家礼教不倡，于是编纂《家礼仪节》，在该书序言中他说："夫儒教所以不振者，异端乱之也。异端所以能肆行者，以儒者失礼之柄也。世之学儒者徒知读书，而不知执礼，而吾礼之柄遂为异教所窃弃而不自觉……浚生遐方，自少有志于礼学，意谓海内文献所在，其于是礼，必能家行而人习之也。及出而北仕于中朝，然后知世之行是礼者，盖亦鲜焉。询其所以不行之故，咸曰：'礼文深奥，而其事未易以行也。'是以不揆愚陋，窃取文公《家礼》本注，约为《仪节》，而易以浅近之言，使人易晓而可行，将以均诸穷乡浅学之士。"[②]

3. 编辑活动的宗教意义

殷商时代的甲骨文文献已初步显现了编辑工作的雏形，"成册"与"典藏"的思想附着在充满神性的牛骨龟壳上，表现出强烈的宗教意味。进入简帛时代后，带有文字的竹简依然为人们所看重，从今天出土的各种汉代简牍看，各种简札（尤其是律令简札）被埋入墓葬，"期望律令简札能够

①赵克生：《修书、刻图与观礼：明代地方社会的家礼传播》，《中国史研究》2010年第1期。
②[明]丘濬：《家礼仪节》，《四库全书存目丛书》经部第114册，第431-432页。

发挥镇墓驱邪的作用，以攘除靠近墓中遗体的恶灵"①。当纸张被大规模运用于书写与印刷后，中国社会对书籍普遍持有膜拜与尊崇的态度，"文字和书被从体力劳动中纯化出来，成为一种拜物教"②，"积书与积阴德皆兼之，而又与积金无异，则刻书是也"③。例如古代流行各种各样的"功过格"，参加刻书活动能够增加参与者善的"积分"，在一本善书中曾记载印刷一部儒家典籍可记100分，销毁一部道德败坏的书可得300分，污损一张书页扣5分，处置字纸不当扣50分，印一本淫书所扣之分"无法记数"。④勤于刻书者能在冥冥之中获得福祉，清人赵吉士在《寄园寄所寄》一书中记载了徽州吴勉学创办"师古斋"刻印医书的传说。

> 歙吴勉学梦为冥司所录，叩头乞生。旁有判官禀曰："吴生阳禄未终。"吴连叩头曰："愿作好事。"冥司曰："汝作何好事？"吴曰："吾视医集，率多讹舛，当为订正而重梓之。"冥司曰："刻几何书？"吴曰："尽家私刻之。"冥司曰："汝家私几何？"吴曰："三万。"冥司可而释之。吴梦醒，广刻医书，因而获利，乃搜古今典籍，并为梓之，刻资费及十万。⑤

道光十六年（1836年），西安唐榕刻《丹桂籍》，其中镌有唐氏刻

①[日]富谷至：《文书行政的汉帝国》，刘恒武、孔李波译，江苏人民出版社，2013，第3页。
②[美]周绍明：《书籍的社会史——中华帝国晚期的书籍与士人文化》，何朝晖译，北京大学出版社，2009，第10页。
③叶德辉：《书林清话》，辽宁教育出版社，1998，第2页。
④[美]周绍明：《书籍的社会史——中华帝国晚期的书籍与士人文化》，何朝晖译，北京大学出版社，2009，第11页。
⑤[清]赵吉士著，周晓光、刘道胜整理：《寄园寄所寄》，黄山书社，2008，第909页。

书题识，曰：

> 先君子正益公，性爽直，喜翰墨，以刻印书籍为业，一时先生长者多喜与之游。平生矢志善果，如《丹桂籍》一书，尤敬奉而笃信之。适得善本，于道光九年己丑鸠工重刊，冀广流传。而限于力，迟迟未竟其事，赍志以终。予小子，未敢一日忘也。爰于十三年癸巳起，竭绵力，省浮用，每年约刻若干板，迄今十六年丙申，事以告竣。因忆十一年正月，天降回禄，炎炎之势，漫及铺屋。而适刻是书，板片分列，若有神助，火光遂转折而西，赖以获安，刻是书默佑之力也。今当刷印，备述其事如左。并请善工摹刻帝君圣像，冠于简端，以志先君子生平钦仰敬奉之志云。①

勤于刻书、认真刻书者能够福荫子孙、避祸趋利。反之，刻书态度不佳者则会遭到上天的惩罚。宋朝洪迈在《夷坚志》中就记载了刻书者因为粗制滥造而遭天谴的例子。

> 绍兴十六年，淮南转运司刊《太平圣惠方》板，分其半于舒州。州募匠数十辈置局于学，日饮喧哗，士人以为苦。教授林君以告郡守汪希旦，徙诸城南癸门楼上，命怀宁令甄倚监督之。七月十七日，门傍小佛塔，高丈五尺，无故倾摧。明旦，天色廓清，至午，黑云倏起西边，罩覆楼上，迅风暴雨随之。时群匠及市民卖物者百余人，震雷一击，其八十人随声而仆，余亦惊慑失魄。良久，楼下飞灰四起，地

---

① 李致忠：《历代刻书考述》，巴蜀书社，1990，第351-352页。

上火珠逆流，皆有硫黄气。经一时顷，仆者复苏。作头胡天祐白于甄令，入按视，内五匠曰蕲州周亮，建州叶浚、杨通，福州郑英，庐州李胜，同声大叫，踣而死，遍体伤破。寻询其罪，盖此五人尤者酒懒惰，急于板成，将字书点画多及药味分两随意更改以误人，故受此谴。①

出版活动具有的宗教意味对中国社会影响至深，如同治七年（1868年）京师同文馆学生张德彝访问英吉利，见英人"将新闻纸及书札等字，看毕即弃诸粪壤，且用以拭秽，未知敬惜也"深感诧异，颇有为英人惋惜之意。②而到了20世纪，这种情况也不难见到，包天笑在1905年进入时报馆做报纸编辑，其家乡的许多长亲都不大赞成。

　　他们说当报馆主笔的人，最伤阴骘，你笔下一不留神，人家的名誉，甚至生命，也许便被你断送。我的妇翁陈挹之先生，便以此告诫我，他是一位好善的长者。我想：如果我的祖母在世，也许不许我就此职业。③

（二）中国近代编辑义利观概述

虽然学者已经指出，中国传统义利文化有一套属于自己的思想体系，"首先阐明物质利益是人们生活的基础，从这一基本观点出发，进而指出必须制定礼义，作为行为的基本准则，以此来规范人们的利欲之心，这种

---

① [宋] 洪迈：《夷坚志》，中华书局，1981，第464页。
② [清] 张德彝：《欧美环游记（再述奇）》，湖南人民出版社，1981，第125页。
③ 包天笑：《钏影楼回忆录》，中国大百科全书出版社，2009，第321页。

基本准则就是见利思义、先义后利、以义导利，其落脚点则是计利富民"①，但是在实践中古代知识分子却往往片面强调和突出"义"的重要性，忽视甚至排斥"利"的正当性，无论是董仲舒的"正其谊不谋其利，明其道不计其功"，还是朱熹的"以仁义为先，而不以功利为急"，均是如此。伴随近代资本主义工商业的兴起，建立在小农经济基础上的中国传统义利观发生了近代性蜕变，最为突出的一点就是强调私利（个人利益）的普遍性与合理性，并且公开地将对经济利益的追求看作人生的直接目标。例如，1890年《申报》就有文章明确指出："天下攘攘而往者何也？熙熙而来者又何为？曰为利耳"，"见利，时之义大矣！"另外，不管人们是否承认，重利已是中外大势之所趋。"见四海之大，五洲之众，非利无以行。中外通商以后，凡环附于地球者，无一不互相交易以通有无。当今之天下，实为千古未有之利场；当今之人心，亦遂为千古未有之利窟。"②

在这样的社会氛围中，编辑出版界的义利观念悄然发生改变。在强调文化责任的同时，近代编辑出版人开始重视对商业利润的追求。法国著名史家戴仁在考察近代商务印书馆的发展时就曾说，不像法国的出版界，中国的出版、印刷和发行三种职能在1949年前没有区分。所有的出版社几乎都承担了书籍从手稿到销售的整个流通过程。以上三者合一，反映出"出版家职能的商业性的基本作用。出版家不是作为某种思想的传播者出现，而首先是作为他要贩卖的产品——书籍的商品包装员和推销员而问世"③。其实，不止是商务印书馆这样的民营出版机构，近代官方出版机构、宗教

---

① 曹德本、方妍：《中国传统义利文化研究》，《清华大学学报（哲学社会科学版）》2005年第1期。
② 《申报》1890年7月23日。
③ [法]戴仁：《上海商务印书馆1897—1949》，李桐实译，商务印书馆，2000，第4页。

出版机构也开始重视成本与产出。如晚清学部图书局编辑教科书后"招商承印，征印花税"，且所征印花税税率颇高，对每册征收印花税五厘之多，而当时日本每册教科书仅征收印花税两厘，"盖以是为稽查之方"，所以时人讥评晚清学部此举不过为政府"多一筹款之方矣"。[①]再如善书，古代这类规劝人们"诸恶莫作，众善奉行"，带有强烈宗教色彩的书籍多以赠送的方式广为流传，但晚清时也开始定价公开发售，苏州三经堂就曾刊广告称："佛经善书，贵乎流通。流通如使长久，若概施送，不可常继，得者易或忽而不读。是以斟酌纸本，印订工价，贮资续印，庶使读者慎重，以冀永远流通。"[②]这种现象不应被片面地看作近代编辑出版界的"堕落"，恰恰相反，合理盈利对文化界而言自然比不计成本更有意义。正如鲁迅先生所言，"（书局）无论其说话如何漂亮，而其实出版之际，一欲安全，二欲多售，三欲不花本钱，四欲大发其财……"[③]"出版家虽然大抵是'传播文化'的，而'折本'却是'传播文化'的致命伤"[④]。

近代出版界逐利味道渐浓，如有员工说商务印书馆，"它是做商业，要赚钱的，提倡文化，那不过是一块招牌罢了"[⑤]，而中华书局也被人看作"以营利为目的，利之所在，无所不趋"[⑥]。但是，商业导向并不代表近代中国出版界放弃了文化理想与追求。诚如吕思勉1923年在《三十年来之出版界》中所言："书店以营业为目的，与一切商店同。岂能责其只

---

① 江梦梅：《前清学部编书状况》，载《中国近代出版史料·初编》，上海书店出版社，2003，第210-211页。

② 李致忠：《历代刻书考述》，巴蜀书社，1990，第353页。

③ 李小峰：《新潮社的始末》，载宋原放主编《中国出版史料·现代部分·补卷》上，山东教育出版社，2006，第31页。

④ 鲁迅：《鲁迅全集》第6卷，人民文学出版社，2005，第509页。

⑤ 卢天白：《我在商务印书馆四年见闻》，载《中华文史资料文库》第十六卷，中国文史出版社，1996，第521页。

⑥ 吴铁声：《解放前中华书局琐记》，载《回忆中华书局》，中华书局，2001，第77-78页。

顾公益，不顾血本？苟如是，彼其资本，亦不转瞬而尽耳，所能为者几何？然虽如是，在无碍销场之范围内，书店亦应尽相当之责任。"[1] 即便是被员工认为只把文化当作招牌的商务印书馆，其编译所的编辑们"他们相信，人类社会之需要知慧也正和他们之需要食粮一样的迫切；特别在今日文化落伍，知识未开的中国，拿笔杆的人们的责任，似乎比一切都更重要。一切科学知识，都未彻底的移殖进来，伟大的思想家文学家还有待于将来的出现；而百分之九十以上的不识字的民众，正嗷嗷待哺的有待于最原始的启蒙运动的进展。这都使拿笔杆的人们不能不日夕的感到'不足'，与发生要担负了这些启蒙运动与移殖事业的雄心的。为了人类，为了中国，他们都是不能放弃了这些明显的摆放在他们面前的责任的"[2]。而1932年舒新城应《图书评论》主编刘英士的约稿，旗帜鲜明地揭橥中华书局在"文化"与"商业"之间保持平衡的编辑宗旨："中华书局在形式上与性质上，虽然是一个私人企业机关，但对于国家的教育和文化，同时也想顾到。因为要谋公司的生存，不能不注意于营业，同时觉得过于蚀本的东西，又非营业所宜。在这'左右为难'的境况中，我们只好两面都'打折扣'。这就是说：凡属于营业有重大利益，而与教育或文化有妨碍者，我们弃而不作；反之，某事与教育或文化有重大关系，而公司要受较大损失者，也只得弃之。换句话说，我们只求于营业中，发展教育及文化，于发展教育文化之中，维持营业。"[3] 不仅像商务印书馆、中华书局这类大型书企的编辑们秉持此等观念，其他中小书业企业的编辑

---

① 吕思勉：《吕思勉遗文集》上，华东师范大学出版社，1997，第383页。

② 《发刊词》，《编辑者》1931年第1期。

③ 舒新城：《中华书局编辑所》，《图书评论》1932年1卷1期。转引自吴永贵：《中华书局的成功经营之道》，《编辑学刊》2002年第3期。

们亦奉行"有所为有所不为"的态度。1912—1949 年基本未曾脱离过出版界的著名出版人张静庐说："'钱'是一切行为的总目标。然而，出版商人似乎还有比钱更重要的意义在上面。以出版为手段而达到赚钱的目的，和以出版为手段而图实现其信念与目标而获得相当报酬者，其演出的方式相同，而其出发的动机完全两样。我们—— 一切的出版商人——都应该从这上面去体会，去领悟。"①

（三）编辑义利观变革对中国近代出版业的影响

观念决定行为，编辑义利观的变革通过编辑群体的具体编辑出版活动，对近代出版业的发展产生了巨大影响。

首先，强化了市场意识。以教科书为例，正如茅盾在 1933 年时所观察到的，"中小学教科书的编印，在四五年前只有商务、中华、世界等三大书局；他们三家'三分'了中国的'教育世界'。……而况'天下'既已定于'三'，别家想打出一条路来更不容易。但是最近三四年来，各书店因为营业上很少'出路'，便也冒险来干教科书，迄今已编成中学教科书的，就有开明、神州、北新、大东等数家。但是教科书的'基本地盘'据说不在'中'而在'小'。于是小学教科书的编印也就新增了两家：开明和大东"②。教科书编印机构数量增多的原因，在于教科书是出版市场上利润最为可观的出版品种。再如一般性书刊，20 世纪 30 年代有读者曾讽刺出版业对读者需求过分"灵敏"："时代是文明了，连许多'书店老板'也灵敏了。应时而起的变幻，可以给他们加上'玄妙'的高衔。自开明产生《中学生》之后……跟《中学生》来出版的，是《现代学生》《新学生》

---

① 张静庐：《在出版界二十年》，江苏教育出版社，2005，第 137 页。
② 茅盾：《教科书大倾销》，《申报》1933 年 7 月 15 日。

《青年界》《学友》《世界杂志》《读书月刊》《读书杂志》和《少年时代》等。……自从光华书局设立了一个读书会，好了，应降而起的又有许多读书会，如现代、神州、新月、新华等书局都设立了。……还有，儿童书局创办以来，儿童读物也活动起来了。北新接应着有《小朋友丛书》和《小学生》杂志出版着。现在更加联合书店也来了，从读书会中分歧出一个《儿童读书》来，并且也有好多种儿童读物在出版！"①这些抱怨反映出了出版市场严重的跟风现象，自然也是编辑义利观变革的结果。

其次，满足了读者的阅读需求。编辑在出版过程中着意满足读者需求的倾向也十分明显，如近代商业渐渐兴旺，《小说林》编辑徐念慈就曾设想专登供商人阅读的小说，"其旨趣，则兼取积极与消极，略示以世界商业之关系、之趋势、之竞争、之信用诸端之不可忽"②。再如包天笑在编辑《小说大观》时，曾对"小说大观"这个名称颇多怨言，"嫌它太庸俗，不雅驯。因为那时候坊间所出的什么大观、什么大观，实在太多了，他们只求量多而不求质佳，未免令人齿冷"。而沈子方执意非"小说大观"四字不可，"我们一出版就要使人家轰动。我们决定以后，我就要预先登广告，如果用小说大观这个名字，我在推销上，大有把握，若用别的名字，我就不敢说了"。于是包天笑也不得不屈服，因为他知道"一种出版物的发行，非常重要，在推广销路上，也正大有技术，他们商业上所称的'生意眼'，未可厚非。他是在发行上有把握的人，我们不能不相信他，以为是可靠的了"③。

再次，强化了出版企业的质量意识。以中华书局出版《辞海》为例，

---

① 俞斯锦：《随风转舵的出版界》，《书报评论》1931 年第 1 卷第 6 期。
② 《小说林》1907 年第 10 期。
③ 包天笑：《钏影楼回忆录》，中国大百科全书出版社，2009，第 374-375 页。

中华书局为同商务印书馆竞争，前后花费 22 年时间编纂《辞海》。虽然前后人事变动频繁，但对编辑工作绝不敷衍塞责，例如 1927 年舒新城接替徐元诰主编《辞海》，发现原有书稿中收录旧词太多，新词很少，难以适应社会需要，于是果断变更方针，另辟蹊径。新词搜集十分困难，有时一天才能收获一二条，但中华书局不改初衷，终于在十年之后完成此宏大工程。[①] 正因如此，中华书局的《辞海》比商务印书馆的《辞源》在某些方面有很大改进，"（《辞海》）纠正了《辞源》的一些缺点、错误。内容和机制都比较好：第一单字的音义，分辨较详。……第二是对词语的解说，较为确切。……第三是补充引证，丰富了词语的内容。……第四是在每一词条之下，大都先作解释，后列引证，体例较为一致。……第五是收词较为严格，不像《辞源》那样杂滥贪多。……第六是增收了小说词曲中的常用语词，多为《辞源》所未有。……第七是引书大都注出篇目，便于读者查考。此外，对百科性的词条作得较精，也是《辞海》的一个特点"[②]。

当然，为了推出精品，出版企业往往重视人才的引进与培养。如商务印书馆为了在教科书市场抢占先机，重视从社会引进优秀人才，"计自光绪二十七年至民国十年止，我馆为了创编教科书，经张菊生先生领导之下，编译人自数人增加至百数十人，在馆外帮忙的还不计其数，筚路蓝缕，煞费苦心，得成一种辅助教育的新事业"[③]。除此之外，商务印书馆对编辑的培养也是十分在意，"一方面同社会上专家、学者保持联系，约请他们写书、翻译，支持出版事业，一方面注意搜罗人才，不断充实加强编辑力

---

① 陆费逵：《〈辞海〉编印缘起》，载《辞海》，中华书局，1936，第 1 页。
② 汪家熔：《〈辞源〉、〈辞海〉的开创性》，《辞书研究》2001 年第 4 期。
③ 庄俞：《谈谈我馆编辑教科书的变迁》，载《商务印书馆九十年》，商务印书馆，1987，第 64 页。

量，像沈雁冰、胡愈之、叶圣陶这些名人都在商务当过编辑。它还注意培养青年编辑"①。商务老人高觉敷回忆在商务编译所的经历时也说："（商务编译所）集中了专家、学者近百余人，俨然是一所包括大中小学教育的学术机构……我觉得好像于大学毕业两年多后考入了一个研究院似的。"②而作为后起之秀的中华书局，在人才引进与培养上也有独到之处，虽然"职工薪水整体上讲不及商务印书馆，但对主要编辑则待遇从优；对同人业余编写的稿件，也尽量收购，以增加同人的收入"，而且"对所内的高级编辑人员，除了经济待遇较高外，生活上也给予他们无微不至的照顾。例如他们本人或家属出门，不论国外和国内，只要有中华书局的地方，就一定可以获得照顾和方便。这无形中成为中华书局的传统，使他们感到企业如同可爱的小家庭一样"③。

最后，推动了出版创新。出版创新包括产品创新、编辑方法创新等等。例如开明书店的《开明活页文选》就是产品创新的典型例子，所谓"活页文选"就是一篇文章出一张活页，有些长文章也可以有几页。据开明老人回忆，《开明活页文选》"每页售价为一厘，每百页只卖银元二角，比普通书价便宜，比油印讲义价廉物美，用一个铜元可以买一页。一个铜元的交易，为任何书店所没有的。……不但每篇可以零买，而且可以依各学校每班学生人数由教师选出若干篇数去买，我们可以在一两小时内配齐。也有要求装订成本的，使全班学生每人都得到一本，我们备有特别的书面纸和空白目录纸，交装钉作装订，第三天便可交付给读者，保证依照来单所

---

① 陈翰笙：《商务印书馆与我同龄》，载《商务印书馆九十年》，商务印书馆，1987，第368页。
② 高觉敷：《回忆我与商务印书馆的关系》，《商务印书馆九十年》，商务印书馆，1987，第347页。
③ 周宪文：《忆伯鸿先生》。转引自申作宏：《陆费逵的同业竞争策略》，《出版发行研究》2005年第4期。

开的排列次序完全不错"①。这种活页在当时的教育界非常流行，很受学校师生的喜欢。再如在编辑方法上，考虑到版面特征以及读者阅读的特点，杂志在征稿时往往会向作者说明写作要求，包括字数限制。如《新小说》建议作者投来的小说回目最好在十数回以上，月月小说社则希望小说回目基本保持在十到二十回之间。②这主要也是考虑到出版市场的特性，因为篇幅过长会给刊物带来版面压力，而以单行本出版的小说，其篇幅也不宜过长，否则会给出版机构带来投资过大、出版周期过长等不利因素，影响出版机构在市场中的竞争能力。古籍标点的出现也是出版创新的一种形式，正如英国大哲学家约翰·洛克所言，商人的牟利动机促使《圣经》标点分段，"《圣经》分段印刷是无耻商人酿制的悲剧，他们为了让《圣经》更畅销强行分段"③，而我国古籍标点的普及也与近代出版商密切相关。为了让古书易读，亚东图书馆的汪原放尝试对《水浒》《三国》《红楼梦》《西游记》《儒林外史》等经典文学名著进行标点，汪原放成为中国历史上"标点古籍第一人"④。汪原放此举不仅受到市场与学界的广泛好评，而且引得出版界广泛效仿，推动了古籍标点本这个新品种的流行。

二、启蒙思想的勃兴

按照康德的说法，启蒙是人类摆脱自我导致的不成熟状态，而不成熟状态就是无法独立自主地运用自己的理智。五四新文化运动时期提出的"科学"与"民主"正是启蒙思想的最好诠释，运用科学驱除愚昧，通过民主

---

① 章锡珊：《开明活页文选》，《中国编辑》2003 年第 3 期。
② 潘建国：《清末上海地区书局与晚清小说》，《文学遗产》2004 年第 2 期。
③ 梁文道：《古代的书为什么没有标点符号》，《学习博览》2013 年第 9 期。
④ 周允中：《汪原放：标点古籍第一人》，《钟山风雨》2013 年第 1 期。

保障人们自由思考与行动的权利。对近代出版人而言，专业赋予的无形权力——对出版内容的选择、整理与传播——使他们在中国近代启蒙运动中扮演了重要角色。

（一）启蒙思想与中国近代出版业的耦合

1. 鸦片战争时期

在中国古代社会，华尊夷卑观念根深蒂固，人们缺乏获取世界知识的热情与动力，这从有关世界地理知识书籍的稀缺状况中不难看出。

> 然今存者，宋释法显《佛国记》乃异域传书之始。自是而唐释玄奘辨机有《大唐西域记》十二卷，宋徐兢有《宣和奉使高丽图经》四十卷，赵汝适有《诸蕃志》二卷，朱辅有《溪蛮丛笑》一卷，元周达观有《真腊风土记》一卷，汪大渊有《岛夷志略》一卷，明董越有《朝鲜赋》一卷，黄衷有《海语》三卷，张燮有《东西洋考》十二卷，西洋艾儒略有《职方外纪》五卷，邝露有《赤雅》一卷，朝鲜无名氏有《朝鲜志》二卷，西洋南怀仁有《坤舆图说》二卷，国朝图里琛有《异域录》一卷、《皇舆西域图志》五十二卷、《皇清职贡图》九卷、《满洲源流考》十二卷、《盛京通志》一百二十卷、《热河志》八十卷、《蒙古源流》八卷，陈伦炯有《海国闻见录》二卷，王大海有《海岛逸志》二卷，七椿园有《西域闻见录》四卷。松筠有《绥服纪略》一卷，和泰庵有《西藏赋》一卷。①

鸦片战争中清政府的失败迫使国人反思，"同一御敌，而知其形与不

---

① 姚莹：《外人著外夷地理书》，载《康輶纪行》，黄山书社，1990，第274-275页。

知其形,利害相百焉;同一款敌,而知其情与不知其情,利害相百焉","自
古兵法,先审敌情,未有知己知彼而不胜,聩聩从事而不败者也。……而
吾中国曾无一人焉留心海外事者,不待兵革之交,而胜负之数已较然矣"①。
在此背景下,一批先进士大夫率先睁眼看世界,一方面为"洞悉夷情"而
广泛搜求相关信息,另一方面则希望通过书籍编纂活动改变愚昧无知且盲
目自大的社会风气。据学者统计,中国人在 1840 年至 1861 年间编纂介绍
世界历史地理的书籍至少有 22 种②,包括林则徐《四洲志》(1841 年),
魏源《英吉利小记》(1841 年)、《海国图志》(1842 年),陈逢衡《英
吉利纪略》(1841 年),汪文泰《红毛番英吉利考略》(1841 年),李
兆洛《西洋奇器述》(1841 年),姚莹《英吉利国志》(1842 年)、《康
輶纪行》(1846 年),王蕴香《海外蕃夷录》(1844 年),梁廷枏《海
国四说》(1846 年),徐继畬《瀛寰志略》(1848 年),夏燮《中西纪事》
(1850 年),何秋涛《朔方备乘》(1860 年)等。这些编纂工作在那个
时代无疑极具启蒙内涵与意义,"对世界地理学的兴趣表面上似乎是旨在
获得有关那个未知的西方世界的知识,但实际上却是为了取得关于整个世
界的知识。但是,如果我们考虑到当时的迫切需要,这可以被视为一种增
进中国本身知识和才智的运动"③。

这些书籍尽管存在知识和观念上的欠缺④,但是对当时社会的意义是
不言自明的。它们一方面为国人提供了完整而正确的世界图像,另一方面

---

① 姚莹:《复光律原书》,载张勇编《中国思想史参考资料集(晚清至民国卷)》上,清华大学出版社,
2005,第 5 页。

② [美]费正清:《剑桥中国晚清史(下卷)》,中国社会科学出版社,1985,第 176 页。

③ [美]费正清:《剑桥中国晚清史(下卷)》,中国社会科学出版社,1985,第 175 页。

④ 如魏源所著《海国图志》只涉及"海国"并不包括中国,其实这还是传统四夷观念的反映,只不过这四
夷的距离变远了,涉及七万里外的英夷。

也有助于纠正国人华尊夷卑的传统观念。以魏源的《海国图志》为例，该书作为当时中国和亚洲最为详备的世界史地全书，不但使中国人"了解了世界各国的历史、地理、气候、物产、制度、社会、宗教、文化，乃至风土人情等情况，而且也知道了地球的经纬度、寒暑带、时区、南北极、四大洋、五大洲等基本知识。这种对世界全面而系统的介绍，给中国人提供了关于世界的正确认识，它建立在近代地理学和天文学的科学基础之上，完全不同于过去的海客瀛洲之谈"①。与此同时，魏源还主张"师夷长技"，这无疑是对"夷夏之辨"或"夷夏大防"之传统观念的否定。②再如徐继畲编纂的《瀛寰志略》，全书共分为十卷，除讲述地球的基本知识还详细介绍了东亚、南洋、大洋洲、南亚、中亚、欧洲、非洲、南北美洲的国家情况，主要内容有方位、疆域、地形、山脉、河流、气候、物产、风俗及历史沿革等。作者对华尊夷卑观念也自觉扬弃，例如他在 1844 年初撰"英吉利"一节时，2400 余字中就有"夷"字 21 个，而到 1848 年他以《瀛寰志略》的书名刊行时，书中的"夷"字却都消失了，"英吉利"一节扩至 7600 余字，却不见一个"夷"字。他用中性词或尊称取代了这些贬称，如将"夷目"改称"英官"。

2. 洋务运动时期

第一次鸦片战争并未对中国社会造成大的震动，第二次鸦片战争则不同，英法联军一路北上攻进北京城，导致咸丰皇帝和一批官员仓皇逃往热河。"外国猖獗至此，不亟亟焉求富强，中国将何以自立耶！千古变局，

---

① 魏源著，李巨澜评注：《海国图志》，中州古籍出版社，1999，第 62 页。
② 魏源著，李巨澜评注：《海国图志》，中州古籍出版社，1999，第 423 页。

庸妄人不知，而秉钧执政亦不知，岂甘视其沉胥耶！"[1] 第二次鸦片战争结束后，统治阶层中的一批开明分子痛定思痛，自上而下推行以自强求富为目的的自救运动，这便有了持续三十多年的洋务运动。洋务运动虽然以失败告终，但是其作用不容低估，正如学者所言，"如果没有洋务运动，当时近代科学技术就不会那样大规模引进，社会风气就不会那样迅速改变，新的政治力量的产生和发展就会更加迟缓，其后的维新运动恐怕也缺少一个酝酿和准备阶段"[2]。

洋务运动中传播西学的出版机构主要有以京师同文馆和江南制造局翻译馆为代表的官方力量，以及以广学会、格致书院为代表的民间力量。无论官方力量还是民间力量，都对近代科学知识在中国的传播做出了重大贡献。据周昌寿《译刊科学书籍考略》所做统计，在1853年至1911年的58年间，中国共翻译了468部西方科学书籍，而洋务运动中翻译的有300余部[3]，可见洋务运动时期为我国科学书籍翻译的重要时期。例如江南制造局翻译馆，作为中国政府创办、历时最久、出书最多、影响最大的西书翻译机构，从1868年创建到辛亥革命之前总共翻译出版西学著作达200种，涉及史志、学务、外交、政治、物理、化学、天文、地理、医学、农学、矿学、军事学、冶炼、测绘等19个大类，其中绝大多数是科技类书籍。[4]得益于其编译人员的良好素质[5]，"凡法律、算学、天文、机器等等专门家，

---

① 李鸿章：《李鸿章全集》，时代文艺出版社，1998，第3282页。

② 叶晓青：《近代西方科技的引进及其影响》，《历史研究》1982年第1期。

③ 胡适等编：《张菊生先生七十生日纪念论文集》，上海商务印书馆，1937，第431-434页。

④ 张增一：《江南制造局的译书活动》，《近代史研究》1996年第3期。

⑤ 江南制造局翻译馆中编译人员目前可考的有59人，其中外国学者有傅兰雅、林乐知、金楷理、卫理、秀耀春、罗亨利、玛高温、伟烈亚力、藤田丰八等9人，中国学者有50人，其中包括徐寿、华蘅芳、舒高第、赵元益、徐建寅、郑昌梭、钟天纬、瞿昂来、李凤苞、贾步纬等当时中国最优秀的科学人才。参见熊月之：《西学东渐与晚清社会》，上海人民出版社，1994，第526-531页。

无不毕集，几于举全国人才之精华，汇集于此"①，江南制造局翻译馆的科学译书在当时社会颇得好评。如傅兰雅与华蘅芳合作翻译的《代数术》"编辑既精，译笔尤善，为数学家必读之书"②，《算式解法》"解法新奇，类非寻常算书中所见者……故详细读毕则后来所遇制造工艺之算书无不易通，而此书实为教课旁助之本也"③，傅兰雅和华蘅芳合作翻译的《防海新论》，书中不少观点就被李鸿章在其《筹议海防折》中采纳与吸收，如该书中海防须集中兵力，扼守要塞的观点就被直接引用，而张之洞认为研习《防海新论》是加强海防建设的大事，"拟请先购数十部，发交东三省，一面令沿海各督抚，向上海多购，分发诸将领，细心讲求，触类引伸，必有实效"④。梁启超在《清代学术概论》中也赞扬江南制造局翻译馆之译书："（鸦片战役以后），震于西人之'船坚炮利'。于是上海有制造局之设，附以广方言馆，京师亦设同文馆，又有派学生留美之举，而目的专在养成通译人才，其学生之志量，亦莫或逾此。故数十年中，思想界无丝毫变化。惟制造局中尚译有科学书二三十种，李善兰、华蘅芳、赵仲涵等任笔受。其人皆学有根柢，对于所译之书，责任心及兴味皆极浓重，故其成绩略可比朋之徐、李。"⑤

洋务运动时期的编译活动，有力地推动了西方近代科学知识在中国的传播。以西方现代数学知识在近代中国的传播为例，作为中国最顶尖的数学家，李善兰除了撰成《四元解》、《方圆阐幽》（1845）、《弧矢

---

① 容闳：《西学东渐记》，中州古籍出版社，1998，第135页。

② 《江南制造局译书提要》卷二，第三十一页。

③ 《江南制造局译书提要》卷二，第三十七页。

④ 熊月之：《西学东渐与晚清社会》，上海人民出版社，1994，第522-523页。

⑤ 梁启超：《梁启超全集》，北京出版社，1999，第3104页。

启秘》（1845）、《对数探源》（1845）、《麟德术解》（1848）等著作外，还翻译了《几何原本》后9卷（与伟烈亚力合作）、《代数学》、《代微积拾级》等重要数学著作。例如《几何原本》原为古希腊数学家欧几里得所作，全书共15卷，前6卷早在明朝末年时就由利玛窦、徐光启合作译出，但是直到二百多年后李善兰与伟烈亚力完成后9卷的翻译，这部古希腊数学名著才算真正完整地传入中国。《代微积拾级》主要是关于解析几何与微积分知识的数学著作，这是近代输入中国的第一部高等数学著作。在该书的翻译过程中，李善兰创立了许多至今还在沿用的译名，诸如代数、系数、函数、椭圆、级数、常数、变分、微分、积分等。[1] 此后，他和傅兰雅等又合译了《代数术》（1873）、《三角数理》（1877）、《微积溯源》（1878）、《代数难题解法》（1883）、《决疑数学》（1880）、《算式解法》、《合数术》（1888）等7种书籍，其中《代数术》和《微积溯源》深化了代数学、微积分的知识，《决疑数学》则是我国翻译的第一部概率论著作。再如化学知识在近代中国的传播，徐寿是将西方化学知识系统介绍到我国的第一人，他曾与傅兰雅合作翻译过《化学鉴原》《化学鉴原续编》《化学鉴原补编》《化学考质》《化学求数》《宝藏兴焉》等6种化学书籍，系统介绍了化学基本原理、有机化学、无机化学、化学定量分析以及含有64种元素的化学元素表。在翻译过程中，徐寿创造性地用汉字对应全部化学术语和物质名称，他创造的如钠、钾、铀、锰、镍、钴、锌、钙、镁等名称一直沿用至今，而其独创的以西文第一音节造字的原则，为我国后来确定元素名称奠定了基础，也被后来的中

---

① 姜超：《科学技术史话》，社会科学文献出版社，2011，第41-42页。

国化学界接受。[①]

3. 维新运动时期

学术界一般认为维新运动有三个阶段：1875年左右到1895年是酝酿时期，1895年到1897年是发展时期，1898年是高潮时期。[②]关于维新运动的目的和方法，作为维新派代表人物之一的谭嗣同曾有言："网罗重重，与虚空而无极。初当冲决利禄之网罗，次冲决俗学若考据、若词章之网罗，次冲决全球群学之网罗，次冲决君主之网罗，次冲决伦常之网罗，次冲决天之网罗，次冲决全球群教之网罗，终将冲决佛法之网罗。"[③]虽然谭氏属于维新运动中的激进派，其理想与主张并不为其他维新派人士所接受，但是如果忽略激烈（极端）程度和其他因素的差异，我们发现维新派的主张无不透出"冲决网罗"的要求，如"冲决俗学之网罗"（反旧学、倡西学），"冲决君主之网罗"（反专制、倡民权），"冲决伦常之网罗"（反封建纲常、倡人性解放），等等。[④]无论是传播西学、倡导民权，还是提倡人性解放，译书是必不可少的工作，"国家欲自强，以多译西书为本"[⑤]，尤其是在实施维新变法的大背景下，西书翻译更有独特的现实作用。

译书真今日之急图哉。天下识时之士，日日论变法。然欲变士，而学堂功课之书，靡得而读焉。欲变农，而农政之书，靡得而读焉。欲变工，而工艺之书，靡得而读焉。欲变商，而商务之书，靡得而读焉。

---

① 姜超：《科学技术史话》，社会科学文献出版社，2011，第44-45页。

② 王栻：《维新运动》，上海人民出版社，1986，第1页。

③ 谭嗣同：《谭嗣同全集（增订本）》，中华书局，1981，第290页。

④ 彭平一：《冲破思想的牢笼——中国近代启蒙思潮》，湖南师范大学出版社，2000，第64-110页。

⑤ 梁启超：《梁启超全集》，北京出版社，1999，第82页。

欲变官，而官制之书，靡得而读焉。欲变兵，而兵谋之书，靡得而读焉。欲变总纲，而宪法之书，靡得而读焉。欲变分目，而章程之书，靡得而读焉。今夫瞽者虽不忘视，跛者虽不忘履，其去视履固已远矣。虽欲变之，孰从而变之，无已，则举一国之才智，而学西文，读西籍，则其事又迂远。恐有所不能待，即学矣，未必其即可用。而其势又不能举一国之才智而尽出于此一途也。故及今不速译书，则所谓变法者，尽成空言，而国家将不能收一法之效。

正因如此，1898 年之后中国的译书出版事业明显加速，如 1900—1904 年间全国共译书 899 种，比此前 90 年译书总量还多。[1]在"以政学为先，而次以艺学"的译书原则下，翻译结构发生了巨大的变化，以 1902—1904 年为例，这一时期共翻译文学、历史、哲学、社会学、经济学等社会科学著作 327 种，占这 3 年中翻译西书数量的 61%，而自然科学与应用科学只占 32%，恰好与洋务运动时期的翻译结构截然相反。[2]这些与政治制度革新相关的政治、法律、经济方面著作的翻译，带给中国社会深刻影响，典型者如严复所译社会科学书籍。从 1895 年至 1909 年，严复先后翻译了赫胥黎的《天演论》，亚当·斯密的《原富》，斯宾塞的《群学肄言》，约翰·穆勒的《群己权界论》《穆勒名学》，甄克斯的《社会通诠》，孟德斯鸠的《法意》，耶方斯的《名学浅说》等八种西方社会科学名著。这些书不仅对中国学术发展具有开疆辟土的功绩，"中国近现代学术肇始于

---

[1] 闫清景：《传统与现代之间：传统中国现代性价值追寻中的西学翻译与传播》，河南人民出版社，2009，第 179 页。

[2] 闫清景：《传统与现代之间：传统中国现代性价值追寻中的西学翻译与传播》，河南人民出版社，2009，第 177 页。

严复翻译西方的学术名著……这些都是中国传统学术界罕有研究、著述的领域，中国近代的经济学、政治学、法学、社会学、逻辑学得以借鉴，因之萌生"①，更重要的是这些书宣传的思想，诸如"物竞天择，适者生存"，直接影响了一个时代。

4. 辛亥革命前后

戊戌政变后，知识分子普遍认识到"开民智"的重要性，"民智不开，则守旧维新两无一可"②，一场以普通民众为对象的启蒙运动在中华大地上如火如荼地展开。研究者曾对 1895—1916 年间 18 种著名小说期刊发刊词进行考察，发现其中 13 篇都是以新民、裨国利民、改良社会为宗旨。③如 1897 年严复在天津创办的《国闻报》，"闻欧、美、东瀛，其开化之时，往往得小说之助。是以不惮辛勤，广为采辑，附纸分送……宗旨所存，则在乎使民开化"④。商务印书馆 1903 年创办的《绣像小说》，"欧美化民，多由小说；扶桑崛起，推波助澜。……月出两期，借思开化夫下愚，遑计贻讥于大雅"⑤。而 1904 年在上海创刊的《新新小说》，编辑更是强调"小说有支配社会之功能"，所以"故欲新社会，必先新小说；欲社会之日新，必小说之日新"⑥。在这些发刊词中，杂志编辑们期望启蒙社会的想法十分明显。

当然，西书翻译是辛亥革命前后编辑界推行启蒙运动最突出的方式之

---

① 任晓霏、冯庆华：《译者对翻译对等的操控——意识形态与诗学追求》，《扬州大学学报（人文社会科学版）》2009 年第 4 期。

② 王栻编：《严复集（第三册）》，中华书局，1986，第 525 页。

③ 包莉秋：《从 1895-1916 年小说报刊的办刊宗旨看近代小说的功用观》，《西华师范大学学报（哲学社会科学版）》2010 年第 3 期。

④《本馆附印说部缘起》，《国闻报》1897 年 11 月 15 日。

⑤《本馆编印〈绣像小说〉缘起》，《绣像小说》1903 年第 1 期。

⑥ 陈平原主编：《20 世纪中国小说理论资料》第一卷，北京大学出版社，1997，第 140 页。

一①，除此之外，教科书编撰也是一种意义重大，又常被人忽略的启蒙方式。由于教科书的读者多处于世界观、人生观形成阶段，因此教科书传递的内容和信息将直接影响到他们的知识建构、思维方式和思想走向。从某种意义上说，教科书对社会的影响力是其他类型书籍难以匹敌的，曾任商务印书馆编译所所长的高梦旦就说："教育之普及，常识之具备，教科书辞书之功为多。"② 根据《民国时期总书目》的统计，民国时期出版界为中小学教育、师范教育提供了四千余种教科书。这些教科书发行量极大，以商务《共和教科书》为例，"凡小学，中学，师范学校各科用书，无不齐备，各校纷纷采用。其小学用共和国文教科书，自出版迄今，复印至300余次，销售至七八千万册。其他各书，大概称是"③。

　　一方面，这些教科书强化了现代科学知识的普及。以文明书局1902—1908年间编辑的《蒙学科学全书》为例，作为我国最早出现的几种近代教科书之一，书中对许多现代科学知识进行了深入浅出的讲解。如《蒙学格致教科书》第七章《电学》第六课"电之公用"对"电"的作用进行了全面的介绍："电之公用有六。一曰治病，用以运行血脉，感动精神，能祛瘀伤，风湿诸疾。二曰生热，用以培雍土田，温暖地气，能速百谷蔬果之成。三曰显力，电气行船，电气行车，汽机之所不及。四曰化物，电气镀金，电气镀银，手艺之所难能。五曰发光，用电燃灯，烛远而著微，

---

　　①1850年到1899年近50年时间，出版界译书537种，而1902年至1904两年间，翻译的西书就达533种，几乎是之前半个世纪译书的总和。单商务印书馆一家，1902年到1910年的出版图书种数就达865种2042册。见商务印书馆编：《商务印书馆历年出版物分类统计》，载《1897—1949商务印书馆图书目录·附录》，商务印书馆，1981，第129页。

　　②高梦旦：《〈新字典〉序》，载《新字典》，商务印书馆，1912，第1页。

　　③庄俞：《三十五年来之商务印书馆》，载《商务印书馆九十五年》，商务印书馆，1992，第725页。

照夜如白昼。六曰动磁，用电传信，机发而针动，重洋须臾可达。"① 再如何谓"蒸汽机"，该书第五章《热学》第六课"蒸汽机"也进行了较为详细的阐述："热力公用之最著者，为蒸汽机。蒸汽机者，盛水于锅而加以热，蒸发为汽。引入活塞之圆筒中，以进退活塞而转车轮，遂成种种之工作也。汽机之力，分上中下三等。锅中每方寸之汽，约二倍于空气压力者（空气压力每方寸重17斤）为下等机。三倍四倍于空气压力者，为中等机。在五倍空气压力以上者，为上等机。"②

另一方面，这些教科书传播了新思想、新理念。光绪二十四年（1898年）五月京师大学堂建立时，管学大臣孙家鼐在《奏请编纂各书请候钦定办法并请严禁悖书折》中就提醒朝廷注意"书中义理"问题，"学堂教育人才，首以书籍为要。而书籍考订尤不可不精，若使书中义理稍有偏歧，其关乎学术人心者，甚非浅鲜"③。宋恕也注意到教科书内容与清末革命运动存在某种紧密联系。

> 商务印书馆出版《国史初级教科书》之下卷第二十九页，文明书局出版金匮周国愈译著《中等东洋史》之下卷第四十四页，金匮张肇桐编辑《高等小学国史教科书》之第六十一页，皆直书我太祖庙讳，肆无忌惮，乃至此极，按之律例，实属大不敬之尤。方今孙文逆党到处煽乱，此种大不敬之教科书实亦暗助其势力。若不从严禁购，何以隐销逆萌。④

---

① 钱承驹：《蒙学格致教科书》，文明书局，1903，第30-31页。
② 钱承驹：《蒙学格致教科书》，文明书局，1903，第23页。
③《光绪朝东华录》，中华书局，1958，第4136页。
④ 宋恕：《请通饬禁购三种历史教科书禀》，载《宋恕集》，中华书局，1993，第390页。

清末教科书中新思想或新理念的传播往往采用比较隐蔽的方式：一种是比较对照的方式。如关于政体，"（中国）自古政体，皆主专制。政无大小，听命于朝，人民不能参预。生杀与夺，皆君一人专之"。而"美国自开拓以来，久属于英。后居其地者，苦苛税，群起叛英。血战八年，卒能自主，建民主制度。其始仅联合十三邦，今已增至四十九邦。邦各有总统，议院之事皆自治，惟外交军事，操于联邦总统。联邦总统，亦由国民选举"⑤。两相比较，目的不言自明。

一种是客观描述的方式。如商务印书馆《最新初等小学中国历史教科书》对戊戌变法的介绍："我国自败于日本后，外人见我之弱，益肆凌侮。德法诸国，又以胁还辽东事，索重酬。未几托租借之名，德据胶州湾，俄据旅顺大连湾，法据广州湾，英亦据威海卫。我国要隘，尽夺于外人。今上愤甚，力图自强。会主事康有为，屡上书请变法，遂得信任。旋擢用新进诸臣，锐意变法，且诏天下，遍设学堂。由是中外士民，日上书陈新政。仅三阅月，旋奉皇太后听政，并以康有为有逆谋，捕治之。有为与其徒梁启超，亡海外，其余新进诸臣，悉被诛黜，且以新政流弊，罢之，朝政皆复旧。"⑥编辑的态度与思想倾向暴露无遗。

一种是静默的方式。虽然封建统治阶级极力提倡忠君思想，但是晚清教科书大多对此内容"静默不语"。以商务印书馆 1904 年出版的初小修身教科书为例，每册 20 课，10 册 200 课，没有一字涉及"君"字，共300 个故事，没有一字涉及"忠"字。而 1905 年刘师培编写《伦理教科书》开篇即是"由五伦之说易为三纲之说……中国之伦理遂为束缚人民之具"，

---

⑤ 陈乾生：《小学万国地理新编》，商务印书馆，1902，第 7 页。
⑥ 姚祖义编：《最新初等小学中国历史教科书》第 6 版，商务印书馆，1906，第 46 页。

该方式较之静默更胜一筹。[①]

5. 新文化运动时期

辛亥革命推翻了清政府统治，也使持续了两千多年的封建专制制度寿终正寝。但是这场成功来得颇有些"侥幸"的革命并没有真正触及中国社会的深层次问题，随后的袁世凯称帝、张勋复辟等事件显示民国时期社会精神依然停滞在君主专制的时代，并未因革命胜利而改变。这迫使以天下为己任的知识分子重新思考"国民性改造"问题[②]，如陈独秀就提出国家政治的真正进步还在于国民政治主动性的激发，"所谓立宪政体，所谓国民政治，果能实现与否，纯然以多数国民能否对于政治，自觉其居于主人的主动的地位为唯一根本之条件"[③]。

通过解决国民性问题进而解决政治问题的思路不是陈独秀个人所有，而是当时一大批知识精英的共识。如胡适在《陈独秀与文学革命》中提到当初创办《新青年》时商定20年不谈政治，从教育文化等角度建设政治基础。改造国民思想需要出版事业，如陈独秀就说"欲使共和名副其实，必须改变人的思想，要改变思想，须办杂志"[④]。日后《新青年》与五四新文化运动的内在联系也证明了陈独秀观点的正确性。[⑤]

---

① 汪家熔：《民族魂——教科书的变迁》，商务印书馆，2008，第94、95、99页。

② 清末知识分子受到日本学者的影响，开始讨论"国民性"问题，如梁启超的《新民说》就是针对《中国积弱溯源论》给出的答案，即通过改造国民性（"新民"）以完成国家自立与富强的目标，"苟有新民，何患无新政府，无新制度，无新国家！"参见杨联芬：《晚清至五四：中国文学现代性的发生》，北京大学出版社，2003，第158-173页。

③ 陈独秀：《吾人最后之觉悟》，《青年杂志》1916年第1卷第6号。

④ 杨宏雨、肖妮：《五四新文化运动与〈星期评论〉的创刊》，《历史教学问题》2011年第3期。

⑤ 1920年，孙中山在《致海外国民党同志函》中就说："自北京大学学生发生五四运动以来，一般爱国青年无不以新思想为将来革新事业之预备，于是蓬蓬勃勃，发抒言论。国内各界舆论，一致同倡。各种新出版物为热心青年所举办者，纷纷应时而出，扬葩吐艳，各极其致，社会遂蒙绝大之影响。虽以顽劣之伪政府，犹且不敢撄其锋。此种新文化运动，在我国今日，诚思想界空前之大变动。推原其始，不过由于出版界之一二觉悟者从事提倡，遂至舆论放大异彩，学潮弥漫全国，人皆激发天良，誓死为爱国之运动。"见孙中山：《致海外国民党同志函》，载《孙中山全集》第5卷，中华书局，2006，第207-212页。

　　新文化运动中，知识分子精英们高举"民主"和"科学"旗帜，在中华大地掀起了一场旨在改变国人思想面貌的启蒙运动。在这场运动中，出版界无疑是重要的推动力量。以《新青年》为例，作为新文化运动的标志和象征，它对"民主""科学"观念的提倡有目共睹，据金观涛、刘青峰对《新青年》杂志内容所做的统计，"民主"及相关词汇在《新青年》中共计出现1536次，"科学"一词共计出现1658次。[①]其实，除了《新青年》这样的"明星"杂志外，我们还应注意到杂志界格局的变化，据周策纵估计，在"五四"时期，即1917—1921年这5年间，全国新出的报刊有1000种以上，仅在"五四"事件发生后的半年间，全国有400种以上白话文新刊物出现。[②]在这些报刊中，诸如《太平洋》《每周评论》《新潮》《国民》《新教育》《星期评论》《建设》《解放与改造》《少年世界》《救国日报》等等，都是以积极倡导民主、科学思想而闻名，它们与《新青年》一道，推动新文化与新思想进一步深入人心。

　　以妇女解放思想的传播为例，作为当时舆论界的执牛耳者，每卷《新青年》基本都有涉及妇女问题的文章，具有代表性的文章如日本与谢野晶子著、周作人翻译的《贞操论》，文中提到的一些观点，诸如"对于贞操，不当他是道德；只是一种趣味，一种信仰，一种洁癖"，"在自己有他时，原是极好；但在别人，或有或无，都没甚关系"[③]引发社会思考。而之后胡适的《贞操问题》，鲁迅的《我之节烈观》等文章继续《贞操论》探讨的话题，进一步揭露和批判中国社会贞操观念的罪恶。这些都深化了人们

---

①金观涛、刘青峰：《观念史研究》，法律出版社，2009，第284、359页。

②［美］周策纵：《五四运动史》，陈永明等译，岳麓书社，1999，第261页。

③［日］与谢野晶子著，周作人译：《贞操论》，《新青年》1918年第4卷第5号。

对妇女解放问题的理解。再如 4 卷 6 号"易卜生号"刊登了易卜生的《娜拉》（罗家伦、胡适译）、《国民之敌》（陶履恭译）、《小爱友夫》（吴弱男译）等三部剧作，另外还附有《易卜生主义》（胡适）以及《易卜生传》（袁振英）。这期专刊让妇女解放（娜拉的出走）获得整个社会的重视与关注。

在《新青年》"易卜生号"之后，全国报刊界有关妇女解放问题的"专号"也是层出不穷，典型者如 1921 年 8 月 3 日创刊的《妇女评论》，先后出版"妇女经济独立问题讨论号"（第 3 期）、"男女社交问题讨论号"（第 7 期）、"女子地位讨论号"（第 26 期）、"生育节制讨论号"（第 39、40 期）、"自由离婚号"（第 57 期）、"韩瑞慈女士追悼号"（第 77 期）等专号。这些"专号"和女性报刊，推动了妇女解放事业的进步，诚如陈东原在《中国妇女生活史》一书中所说的那样："'五四'时候的出版物，几乎'无地无之'……铅印也好，石印也好，油印也好。而各地刊物，打开来一看，除却运动消息以外，满是些'思想革命''社交公开''妇女解放''恋爱自由''教育平等'一般言论。至少在写这些言论的青年，他们的脑子，无论如何是受了这些思想的陶化了"[1]，"等到'五四'一起，这些理论正被青年所尝试，妇女的生活才真正改了个局面"[2]。

（二）启蒙思想的勃兴对中国近代出版业的影响

1. "昌明教育平生愿，故向书林努力来"

甲午战争的失败震动了整个中国社会，"欲任天下之事，开中国之新世界，莫亟于教育"。教育救国思潮在中国兴起，而出版具有的特殊作用也让许多怀揣教育救国梦想的知识分子选择进入出版业。

---

[1] 陈东原：《中国妇女生活史》，商务印书馆，2015，第 292 页。
[2] 陈东原：《中国妇女生活史》，商务印书馆，2015，《自序》第 2—3 页。

其中以张元济最具代表性。张元济素有教育救国之志，维新变法之前他就认为"今之自强之道，自以兴学为先。科举不改，转移难望。吾辈不操尺寸，惟有以身先之，逢人说法，能醒悟一人，即能救一人"①。维新变法的失败更让他意识到若不能开民智，所有的改革只能以失败而告终，"国家之政治，全随国民之意想而成。今中国民智过卑，无论如何措施，终难骤臻上理。……中国号称四万万人，其受教育者度不过四十万人，是才得千分之一耳。且此四十万人者，亦不过能背诵四书五经，能写几句八股八韵而已，于今世界所应知之事茫然无知也"②。因此，真正要实现教育救国，就应面向全体国民，"无良无贱，无智无愚，无长无少，无城无乡，无不在教育之列也"③。由于"出版之事可以提携多数国民，似比教育少数英才为要"，因此维新变法失败后张元济进入南洋公学译书院，通过翻译西学以图洞开民智，"昌明教育平生愿，故向书林努力来"。此后，他又接受夏瑞芳的恳请加入商务印书馆，并以"吾辈当以扶助教育为己任"相互砥砺。清末，清政府废除对张元济"革职永不叙用"的禁令，再次起用他时遭到他的拒绝，原因正是他看中出版对开启民智的重要意义，"弟近为商务印书馆编纂小学教科书，颇自谓可尽我国民义务。平心思之，视沉浮郎署，终日作纸上空谈者，不可谓不高出一层也"④。

其实，自清末到民国，许多知识分子都抱有如此想法，例如陆费逵少年即投身书业，此后从未离开，即使在中华书局陷入危机，好友以政府高官相招揽时他也不为所动，正是因为他有坚定的教育救国信念，"教育得道，

---

① 张元济：《致汪康年穰卿》，载《张元济书札》，商务印书馆，1981，第9页。

② 张树年：《张元济年谱》，商务印书馆，1991，第38页。

③ 张元济：《答友人问学堂事书》，载《张元济诗文》，商务印书馆，1986，第170页。

④ 张元济：《致汪康年穰卿》，载《张元济书札》，商务印书馆，1981，第48页。

则其国昌盛；教育不得道，则其国衰弱而灭亡，此一定之理也。盖教育得道，则民智开、民德进、民体强，而国势隆盛矣。教育不得道，则民智塞、民德退、民体弱，而国势衰亡矣。然则欲救危亡而期强盛无他，亦求教育之得道而已"①，"我们希望社会进步，不能不希望教育进步；我们希望教育进步，不能不希望书业进步。我们的书业虽然是较小的行业，但是与国家社会的关系却比任何行业为大"②。叶圣陶也强调编辑工作虽然有多种性质，但是教育工作居于首要："你出的书刊无论深的，浅的，通俗的，专门的，总之是影响人们的见识和思想，你不是在当人们的老师吗？所以，出版事业的性质是工业、商业、教育事业三者兼之，三者之中，教育事业应居首要地位。"③因此，离开教育岗位的他选择进入出版业，便是顺理成章之事。

2. 推动民众读物出版事业的进步

在戊戌维新时期，严复翻译斯宾塞的《教育：智育、德育、体育》（*Education*: *Intellectual*, *Moraland Physical*），提出救国需要"鼓民力""开民智""新民德"。此后"新民"之重要渐成人们的共识，"现在中国的读书人没有什么可望的了，可望的都在我们几位种田的、做手艺的、做买卖的、当兵的以及那十几岁小孩子阿哥、姑娘们"④。正是在这一思想影响下，适合底层民众阅读的白话出版物在清末民初大量涌现。据香港学者陈万雄所做统计，在1899年至1918年间，中国新创办的白话报刊不下

---

① 吕达：《陆费逵教育论著选》，人民教育出版社，2000，第46页。
② 陆费逵：《书业商会二十周年纪念册序》，载《陆费逵与中华书局》，中华书局，2002，第440页。
③ 叶圣陶：《叶圣陶出版文集》，中国古籍出版社，1996，第29页。
④ 蔡乐苏：《中国白话报》，载丁守和主编《辛亥革命时期期刊介绍》第1集，人民出版社，1982，第442—443页。

170 种，其出版地遍及香港、广东、湖南、湖北、山东、山西、江西、东北、天津、伊犁及海外东京等地，此外还有白话文教科书，以及 1500 种以上白话小说刊行。[①]

1919 年五四新文化运动之后，包括平民夜校、平民学校、工读学校等在内的平民教育蓬勃兴起，而民众读物"关系于民众的思想与行为至深且巨，民众教育不可不加注意"[②]，因此民众读物的编辑与出版得到社会的广泛重视。典型者如中国近代著名的平民教育家晏阳初，他亲自编辑各种平民识字读物供平民教育所用。他除编辑一般民众用的《千字课本》外，还编辑有《市民千字课本》《士兵千字课本》及《农民千字课本》，这些课本在当时社会风行一时，许多平民教育机构和团体纷纷仿效。商务印书馆、中华书局等民营出版机构亦纷纷以编辑出版民众读物的方式加入到大众启蒙的事业中，例如 1922—1927 年间商务印书馆曾出版《平民字典》《平民挂信》《平民千字课》《平民千字课挂文》《平民千字课挂图》《千字课自修用本》《平民千字课习字帖》《体操教学书》《游戏教学书》等平民教材，以及《平民职业小丛书》（中华职业教育社编）、《平民小丛书》《平民小说》《平民丛书》《通俗教育用书》等辅助读物，中华书局除出版有《平民千字课》《平民千字课教授书》《平民课本挂图》等平民教材外，还出版有《通俗教育丛书》《平民文学丛书》等。[③]

南京国民政府时期，民众教育继续发展。由于国民识字率低，因此解决民众识字问题成为民众教育的中心，如 1928 年 6 月国民党中央委员会

---

① 陈万雄：《五四新文化的源流》，生活·读书·新知三联书店，1997，第 159-160 页。

② 范望湖：《民众教育 ABC》，世界书局，1929，第 103 页。

③ 教育部教育年鉴编纂委员会编：《第一次中国教育年鉴》，开明书店，1934，第 670-673 页。

通过了《民众训练案》，将"厉行识字运动"列为专条。而在"识字运动"中，"民众识字教材之编辑，为推行识字教育之要务"①。这一时期编辑出版的民众学校课程及教学法方面的主要著作有吴克勤编《民众识字课本教授书》、董涤尘编《新时代民众学校笔算课本教授法》、徐回千等编《民众珠算课本教授书》、张竹汀等编《民众学校实验课程》、邱治新编《民众学校训育实施法》、教育部编《民众学校课本教学法》以及《民众学校笔算课本教学法》等等。②

---

① 教育部教育年鉴编纂委员会编：《第二次中国教育年鉴》，上海商务印书馆，1948，第1186页。
② 张蓉：《中国现代民众教育思潮研究》，中国文史出版社，2005，第57页。

第四章
编辑内容近代化

按照曹之先生的说法，图书一般应该包括知识信息、著作方式、文字、物质载体、文字制作技术及装订形式等六大要素。[①] 如果将上述六大要素进行分类的话，知识信息和著作方式可以列为知识内容，文字、物质载体、文字制作技术及装订形式等则属于编辑出版的范畴。除此之外，编辑往往还要承担图书广告宣传的义务与责任，例如赵景深向读者介绍自己的职业时说："我的职业是书局编辑，编杂志，审阅稿件，做广告，写回信，什么都干。"[②] 因此，本章所指的编辑内容包括知识内容、书籍制度与图书广告三个部分。

一、中国古代编辑内容概述

（一）中国古代的知识系统

中国的书籍文化源远流长，"自古书契之作而有史官，其载籍博矣"[③]。

---

① 曹之：《中国古籍编撰史》，武汉大学出版社，1999，第2页。
② 赵景深：《职业与偏嗜》，《读书青年》1936年第1卷第5期。
③ [汉] 班固：《汉书·司马迁传》，中华书局，1973，第2737页。

"唐虞三代，《诗》《书》所及，世有史官，以司典籍"。[①] 这是中华文明的一大特色。20 世纪 30 年代，郑鹤声在其《中国文献学概要》中说道："中国文化之完备，世界各国，殆莫之京，此为中国文明之特色，即典籍之完美是也。欧西上古文化之起源，殆莫可诘究，不得已姑取发掘之残碑断瓦以为证，而我国国人效之，以为非是不足以言史，此大误焉。世界各国，印度自来不重记载，埃及亦稀极古之史，巴比伦诸国，其古史大半出于掘藏之推证，而我国史学发生之早，典籍之博，学者之注重，实可谓世界各国中首屈一指。欲言远古文化，可由典籍以求之，而非仅由断片古物之推证而后可知也。职是之故，欧西文化为零碎的，而中国文化为整个的，固灼然无疑矣。"[②]

书籍是知识的载体，我们通过目录学这把钥匙打开古代书籍文化的宝库时，会发现数千年的书籍文化有着某种共性，无论是早期的《七略》《中经新簿》《隋书·经籍志》，还是晚近的《四库全书总目》，都可从中发现书目背后隐含的知识系统内容存在某种"超稳定结构"，即保持着连续性，在本质上并没有多少变化，正如学者所言："中国传统知识系统，可以简称为'四部之学'。……这套'四部'知识系统，发端于秦汉，形成于隋唐，完善于明清，并以《四库全书总目》之分类形式，得到最后确定。"[③]下文以《四库全书总目》为对象对古代知识系统进行简单勾勒。

经部。经部位列四部之首，收录的是以"六经"为代表的儒家经典及后世对它们进行的注疏。"六经"成书时间很早，据《左传》所载，鲁僖

---

① [宋] 范晔：《后汉书·班彪列传》，中华书局，1973，第 1325 页。

② 郑鹤声、郑鹤春：《中国文献学概要》，上海古籍出版社，2001，第 7 页。

③ 左玉河：《从四部之学到七科之学——学术分科与近代中国知识系统之创建》，上海书店出版社，2004，第 4 页。

公二十七年（公元前633年），"（晋）作三军，谋元帅。赵衰曰：'郤縠可。臣亟闻其言矣，说礼、乐而敦《诗》《书》。《诗》《书》，义之府也；礼、乐，德之则也；德、义，利之本也。'《夏书》曰：'赋纳以言，明试以功，车服以庸。'君其试之"①。由此可以推知，此时《诗》《书》已属标准教材，能够为广大贵族阶层所阅读。② 后世对于这些经书所做的解释性工作就是注疏，"其先儒释经之书，或曰传，或曰笺，或曰解，或曰学，今通谓之注。……盖经之注，率成于唐以前，而唐以后诸儒辨释之书，则名曰正义，今通谓之疏。而创为正义者，盖自唐之孔颖达始"③。后世儒家知识分子对六经注疏至多，产生了数百倍于经书本身的著作，形成了体系庞大的经部文献体系，如《四库全书总目》"经部"共收书1773部、20427卷，"分为十类：曰'易'、曰'书'、曰'诗'、曰'礼'、曰'春秋'、曰'孝经'、曰'五经总义'、曰'四书'、曰'乐'、曰'小学'"④。

史部。我国古人史学意识特别强烈，相传在夏代就已设立"太史令"的官职，中国史籍编纂历史以"史官不绝，竹帛长存"⑤来形容可谓再恰当不过。不过，东汉之前史籍的数量并不太多，因此在《汉书·艺文志》中，史部书籍被划入"六艺略"，隶属于《春秋》。随着后来历史类著作越来越丰富，史部书籍逐渐单列成为一个大类。如西晋荀勖撰《中经新簿》，将全国书籍分甲乙丙丁四部，其中丙部专列史书。此后，东晋李充在荀勖

---

① 郭丹、程小青、李彬源译注：《左传》上，中华书局，2012，第502页。

② 徐复观：《徐复观论经学史二种》，上海书店出版社，2005，第7页。匡亚明也认为周朝贵族"成年以后，进'大学'学习上述六种高级的典籍，即《诗》《书》《礼》《乐》《易》《春秋》"。见匡亚明：《孔子评传》，南京大学出版社，1990，第337页。

③ 钱基博：《经学通志》，上海三联书店，2014，第3页。

④《经部总叙》，《钦定四库全书总目》（整理本），中华书局，1997，第1页。

⑤ [唐]刘知几著，赵吕甫校注：《史通新校注》，重庆出版社，1990，第631页。

分类的基础上将图书分作经、史、子、诗赋四部，史书自此在图书分类中确立了仅次于经籍的历史地位。史籍种类众多，《四库全书总目》将之分为15小类，"首曰正史，大纲也。次曰编年，曰别史，曰杂史，曰诏令奏议，曰传记，曰史钞，曰载记，皆参考纪传者也。曰时令，曰地理，曰职官，曰政书，曰目录，皆参考诸志者也。曰史评，参考论赞者也"①。

子部。"自六经以外，立说者皆子书也。……儒家以外有兵家，有法家，有农家，有医家，有天文算法，有术数，有艺术，有谱录，有杂家，有类书，有小说家。其别教则有释家，有道家。叙而次之，凡十四类。"②例如儒家一类主要包含阐明孔孟学说的书籍，如《孔子家语》《程氏遗书》《朱子语类》等；兵家一类主要包括用兵理论、军事技术、兵器以及实战记录，如《武经七书》《守城录》等；法家一类主要包含法治理论，如《管子》《商君书》《韩非子》《申子》等；农家一类主要包含农学理论及农业技术，如《农书》《齐民要术》《授时通考》等；医家一类主要包括病理、治疗、药物、针灸、方剂，如《黄帝内经素问》《灵枢经》《金匮要略》等；天文算法一类主要包括历法推算及天象考测，如《周髀算经》《大统历》《时宪书》《九章算经》《几何原本》等；术数一类主要是运用阴阳五行相生相克之理推论吉凶，例如《太玄经》《五行大义》等；艺术一类主要包括书画、琴谱、篆刻、棋类、杂技等；谱录一类主要是讲器物、食谱以及动植物等……③

集部。集部主要分楚辞类、别集类、总集类、诗文评类、词曲类等五类。

---

① 《史部总叙》，《钦定四库全书总目》（整理本），中华书局，1997，第611页。
② 《子部总叙》，《钦定四库全书总目》（整理本），中华书局，1997，第1191页。
③ 魏隐儒、王金雨：《古籍版本鉴定丛谈》，印刷工业出版社，1984，第171—172页。

楚辞类主要是西汉刘向辑屈原、宋玉等人作品而成的《楚辞》。"别集"将个人作品合为一编，例如汉魏六朝的《蔡中郎集》《曹子建集》《陶渊明集》《江文通文集》，隋唐五代的《王勃集》《韩昌黎集》《李太白集》《杜工部集》，宋人的《欧阳文忠公集》《王荆公诗笺注》等。"总集"是将各家著述汇集成一编，如梁昭明太子萧统所辑《文选》就是总集的首开先河者。"诗文评"主要是指对诗文加以评论者，包括诗话、诗律、诗韵、诗评、文学批评等，例如《文心雕龙》《诗品》等。"词曲"分词集、词选、词谱、词韵数种，曲分诸宫调、杂剧、传奇、散曲、弹词、曲选、曲谱等类。

上述"四部"包含的内容是中国传统社会的知识总汇，其中尤以经史在社会中影响最为巨大，如曾国藩晚年曾选取"文周孔孟，左庄马班，葛陆范马，周程张朱，韩柳欧曾，李杜苏黄，许郑杜马，顾秦姚王"等32位"古今圣哲"，"命儿子纪泽图其遗像，都为一卷，藏之家塾。后嗣有志读书取足于此。不必广心博骛，而斯文之传，莫大乎是矣"。不难看出，在曾国藩眼中，上述32位"古今圣哲"的思想与知识代表了传统知识体系的精华，即以经学为首兼及文学，其他诸如自然科学技术知识等一概不予考虑。不独知识精英如此，一般社会大众更是如此。清代民间文人石成金在《传家宝》中就认为"天下之书极多，予意约分四等"。第一等"如《四书》本经以及得意好文，嘉言法语，必须读而又读，熟记于心，更须时加温习，不可少有遗忘"。第二等"后贤讲解，历代史鉴，以及事实典记，则选其语句紧要者记之，余则熟看，不必尽读，亦不能尽读也"。第三等"若韵府、韵端、字汇、经济、医药、技艺等书，看完存之，以备稽考"。第四等"下而至于俚俗杂书，淫艳词曲，其中不独并无学问，而且伤风败俗，蛊惑人心。

凡遇此等书，见之即付水火，不必入目"①。

（二）中国古代的书籍制度

所谓书籍制度，是指图书在一定历史时期所具有的特定物质形式。其物质形式由四个因素组成：文字、材料、形态和制作方法。主要表现为文字形式（包括标点）、版面形式和装帧与装订形式。② 一般认为，简策是我国最早的书籍形式，简策之后相继出现了卷轴装、册页装等数种书籍形式。我国书籍制度发展演变的情况见以下简表（表4-1）。

表4-1 中国古代书籍装帧形式发展简表③

书籍制度	书籍材料	装帧形式	主要传播方法	流行时期
简策（版牍）	竹木	韦编、丝编	写、刻	公元4世纪以前（上古至东晋）
卷轴	缣帛、纸	卷轴	抄写	公元前4世纪至公元5世纪（春秋末年至六朝）
		卷、轴、褾、带	写、刻	公元2世纪至10世纪（东汉至宋初）
卷轴至册页	纸	经折装、旋风装	抄写及雕版印刷	9、10世纪（晚唐时代）
册页（双页单面印刷）	纸	蝴蝶装（外折）	雕版印刷	10世纪末至13世纪（五代至元）
		包背装（内折）	雕版印刷	12世纪末至15世纪（南宋至明中叶）
		线装（外折）	雕版印刷	14世纪至今

---

① [清]石成金：《传家宝》，天津社会科学院出版社，1992，第429页。

② 来新夏：《中国近代图书事业史》，上海人民出版社，2000，第168-169页。

③ 邱陵：《书籍装帧艺术史》，重庆出版社，1990，第229页。

卷轴制度的主要形式是卷轴，又称卷子，如今仍在书画等艺术品的保存方面应用。其做法通常是在长卷帛书、纸书的两端粘接上圆木或者其他棒材，旋转卷起。

卷轴向册页过渡阶段的主要形式包括经折装与旋风装。经折装是将长幅的书卷折叠成一定的宽度连续成册，开头和结尾部分粘上硬纸成为书面，使之随时可以翻阅。我国古代佛教典藏多用此形式。经折装由卷轴装发展而来，还存有卷轴装的特点，但是其折叠方式使其阅读体验相较卷轴装更为方便。旋风装也是由卷轴装发展而来，由一长厚纸做底页，将首页全页贴于全幅最右，第二页则贴于第一页的左侧无字处，从第三页开始逐页贴于上一页的底下。这样贴完整部书的内容后，书页一层层鳞次栉比，像自然界的旋风又像一片片鳞片，因此又称龙鳞装，旋风装卷起后从外表看与卷轴装无异。

册页制度则包括蝴蝶装、包背装以及线装。蝴蝶装是将单面印刷的纸张在版心处对折，版心向内，再将折缝粘接起来成为书脊，首页与末页分别粘上书面。这种装帧方式外表看起来与如今的平装书无异，但是翻开书页如同蝴蝶翩翩起舞，因此得名蝴蝶装。包背装与蝴蝶装一样，也是将印刷好的纸张在版心处对折，只不过版心向外。线装是我国传统书籍艺术演进的最后形式，在折页方面与包背装完全相同，版心向外，使用两张与书页大小相同的书皮，书册上下各一张，与书背戳齐，然后打眼钉线成册。

（三）中国古代的图书广告

唐至德二年（757 年）成都卞家印本《陀罗尼经咒》首行印有"唐成都府成都县龙池坊卞家印卖咒本"，原藏于敦煌莫高窟的唐中和二年（882

年）成都樊赏家雕印历书中"剑南西川成都府樊赏家历□"等字样，都可算是我国书业广告的雏形。[1] 此后，随着社会经济的发展以及雕版印刷术的普及，图书日益商品化的同时，图书广告也得到长足发展，并渐渐发展出以下几种主要广告形式。[2]

书名广告。书名是一本书的核心，是认识整本书的一个窗口。古代书商通过改换书名和增加修饰语的方式来吸引消费者。众所周知的《红楼梦》还有《石头记》《金玉缘》等别名，《三国演义》又称作《三国志演义》《三国志传》等，《水浒传》被改名为《征四寇传》《汉宋奇书》《英雄谱》等；《西游记》也有异名《西游证道书》《西游真诠》等。这些都是书商宣传营销的手段。此外，书名还会冠有多重修饰语，来突出版本的特殊性，如"京本""秘本""监本"等；为了迎合求新者，书名还会冠上"新编""增订"等词。

牌记广告。牌记又称墨围、碑牌、木记、木牌、书牌子等，是宋代以来古籍的重要组成部分。叶德辉有云："宋人刻书，于书之首尾或序后、目录后，往往刻一墨图记及牌记。其牌记亦谓之墨围，以其外墨阑环之也，又谓之碑牌，以其形式如碑也。元明以后，书坊刻书多效之。其文有详有略。"[3] 牌记不仅具有版权保护功能，而且还有图书广告的作用，例如建阳书林刘双松安正堂万历四十年（1612 年）刊有《新板全补天下便用文林妙锦万宝全书》38 卷，牌记有云："《万宝全书》一册，本堂已经编刻，大行天下。近因板朦，仍恳名家删繁补新，命工重梓，命阅是书，匪惟令

---

① 范军：《两宋时期的书业广告》，《出版科学》2004 年第 1 期。

② 马秀文、李宏达、王卓：《我国古代书籍广告略论》，《图书馆工作研究》2014 年 7 月总第 221 期。

③ 叶德辉：《书林清话》，辽宁教育出版社，1998，第 127 页。

观者醒心，抑且大有裨于便用耳。本堂因被棍徒翻刻删削，不便假票包封，真伪难明，于是中刻真万宝全书，名字首用葫芦书为记，海内君子宜留心鉴焉。大明万历岁次壬子孟冬之吉，书林安正堂刘氏双松谨识。"由此可见，《万宝全书》不仅有"葫芦"图形防止翻刻，而且牌记中"名家删繁补新，命工重梓，命阅是书，匪惟令观者醒心，抑且大有裨于便用耳"是地道的广告语句。再如建安余氏庆元三年刻本《重修事物纪原集》牌记云："此书系求到京本，将出处逐一比校，使无差谬，重新写作大板雕开，并无一字误落。时庆元丁巳之岁建安余氏刊。"此处便是借当时声誉好的"京本"来吸引读者。

序跋广告。序跋是序与跋的合称。序也作叙、引，又称叙文、序言，置于书籍或文章前面。跋也叫后序，置于书后。序跋一方面帮助读者了解作者生平、创作背景及原因等重要信息，另一方面也是一种重要的图书广告。很多序跋都延请"名人"来撰写，以提高书籍的影响力和价值。在序跋中，运用一些特殊技巧能起到很好的广告作用，例如将作品与名作并列，形成"名牌效应"。康熙年间出版的《林兰香》有序云："……所爱者有《三国》之计谋而未邻于谲诡，有《水浒》之放浪而未流于猖狂，有《西游》之鬼神而未出于荒诞，有《金瓶》之粉腻而未及于妖淫，是盖集四家之奇以自成为一家之奇者也。"[1]

扉页广告。扉页亦称护页、副页，是夹在书衣和书名页之间的空白页。例如明刻本《新镌缪当时先生四书九鼎》的扉页就登载了一段广告，"(《四书九鼎》)金镳在手，开万古迷蒙；宝筏横川，济四来跋涉。一言定鼎，片字明心……诚明宋之合璧也，帷智眼识之。长庚馆主人识"。

---

[1][清]随缘下士编辑，于植元校点：《林兰香·序》，春风文艺出版社，1985，第1页。

二、中国近代编辑内容概述

（一）中国近代的知识系统

近代西学东渐使人们所处的知识环境较以往发生了显著变化，这在以涵盖人类全部知识为追求的图书分类法的变迁中有所体现（表4-2）。随着西学传播深度与广度的增加，图书分类法变动的频率加快，幅度也在加大。清末，有关新学与中学的书目独立编撰，反映出西学知识尽管增速较快，分类日细，但是尚未达到撼动整个社会知识体系的地步，传统知识系统依然保持主流地位。

表4-2　近代新学书籍分类情况

书目	图书分类
《增版东西学书录》	史志、政治法律、学校、交涉、兵制、农政、矿务、工艺、商务、船政、格致、算学、重学、电学、化学、声学、光学、气学、天学、地学、全体学、动植物学、医学、图学、理学、幼学、宗教、游记、报章、议论、杂著
《译书经眼录》	史志、法政、学校、交涉、兵制、农政、矿务、工艺、商务、船政、理化、象数、地学、全体学、博物学、卫生学、测绘、哲理、宗教、体操、游记、报章、议论、杂著、小说
《上海制造局译印图书目录》	史志、政治、交涉、兵制、兵学、船类、学务、工程、农学、矿学、工艺、商学、格致、算学、电学、化学、声学、光学、天学、地学、医学、图学、地理

不过，这种“新旧并处”的情况没有持续太久，新式教育的发展加快了近代中国知识系统转型的速度。例如光绪三十年（1904年）浙江绍兴徐树兰编《古越藏书楼书目》，混经史子集及新学为学政两部，试图融新学和中学为一体。该书目学部包含易学、书学、诗学、礼学、春秋学、四书学、孝经学、尔雅学、群经总义学、性理学、生理学、物理学、天文算学、黄

老哲学、释迦哲学、墨翟哲学、中外各派哲学、名学、法学、纵横学、考证学、小学、文学 23 类，政部分正史兼补表补志考证、编年史、纪事本末、古史别史、杂史、载记、传记、诏合、奏议、谱录、金石、掌故、典礼、乐律、舆地、外史、外交、教育、军政、法律、农业、工业、美术、稗史 24 类。

到了民国时期，无论是杜定友的《世界图书分类法》（1922 年），还是王云五的《中外图书统一分类法》（1928 年），刘国钧的《中国图书分类法》（1929 年），都强调中西书籍的协调管理，也蕴含着国人将传统知识系统纳入近代知识系统的努力。最终，中国知识系统完成了近代化的过程，即"从中国传统的文史哲不分的'通人之学'向西方近代'专门之学'转变，从'四部之学'（经、史、子、集）向'七科之学'（文、理、法、商、医、农、工）转变"①。这些分类法中所蕴含的"七科之学"，正是近代编辑界要处理的出版主题。

（二）中国近代的书籍制度

近代，书籍制度发生了重大变化，诸如白话文、标点符号、装帧形式与材料方面的改变，使得近代书籍具有了与古代书籍不同的阅读理解过程。②

1. 白话文在出版业的应用

晚清时期，国人已经意识到白话对于开启民智的作用，如黄遵宪就指出："盖语言与文字离，则通文者少；语言与文字合，则通文者多，其势

---

① 左玉河：《从四部之学到七科之学———学术分科与近代中国知识系统之创建》，上海书店出版社，2004，第 2 页。

② 法国语言学家海然热认为现代编辑排版方式使得内容具有了立体性，"书法、图像句法、形貌句法"等技术手段，"都是让文本带上表达内容的具体图像。其他使文字进一步自成系统的手段包括首先是排版方面的技术：移行、空白、分章节、大写、标题、副标题等。这些技术在使语言摆脱时间的限制的同时，把它变成了一个纸面上的两维物体和体积上的三维物体。尽管不十分彻底，但它们通过添加新成分改变了呼吸节奏"。参见［法］海然热著，张祖建译：《语言人———论语言学对人文科学的贡献》，生活·读书·新知三联书店，1999，第 100 页。

然也。……若小说家言，更有直用方言以笔之于书者，则语言文字几乎复合矣。余又焉知夫他日者不变更一文体，为适用于今、通行于俗者乎？嗟乎！欲令天下之农工商贾、妇女幼稚皆能通文字之用，其不得不于此求一简易之法哉？"① 裘廷梁则认为白话是维新之本，他列举了白话文的八种好处：一曰省日力，二曰除骄气，三曰免枉读，四曰保圣教，五曰便幼学，六曰炼心力，七曰少弃才，八曰便贫民。"一言以蔽之曰：文言兴而后实学废，白话行而后实学兴。"②

正是由于认识到白话较之文言在开启民智上的优势，因此当清末办报热潮兴起后，用白话文办报也渐为启蒙思想者所推崇，"白话报者，文明普及之本也。白话推行既广，则中国文明之进行固可推矣"③。据统计，自1898年裘廷梁创办我国历史上第一份白话报《无锡白话报》开始，国内相继出现了170多种白话报刊，出版地遍及香港、广州、湖南、湖北、山东、山西、江西、东北、天津、伊犁等地。对于清末民初白话报出版的盛况，时人有记载曰："各省有各省的白话报，各府也有一府的白话报，甚至那开通点的县城里，市镇里，亦统有白话报，或是日报，或是旬报，或是星期报，却也各色都有。"④

这些白话报刊着眼于中下层社会的启蒙，读者对象定位于中下层民众。为了激发底层民众的阅读与参与欲望，许多白话报试图造一种对话平台，如《京话日报》就一再强调刊登来函"不收刊资"，同时义务给文辞不通

① 黄遵宪：《日本国志》，载《黄遵宪全集》，中华书局，2005，第1420页。
② 裘廷梁：《论白话为维新之本》，《无锡白话报》1898年8月27日。
③《论白话报与中国前途之关系》，《警钟日报》1904年4月25日。
④ 铁汉：《论开通民智》，《竞业旬报》第26期。

者修改润饰，并声明"登报之后，有什么是非，都归本馆一面承担"①。正是有了这样的便利，读者来稿十分踊跃。从之后发表的读者来稿看，作者中既有文化程度较高的中下层官吏、职员、蒙师、书办、学生，也有识字不多的小商贩、小业主、小店员、手工业者、家奴、差役、士兵、家庭妇女、优伶、妓女等等。《京话日报》通俗易懂，社会启蒙效果颇佳，在北京下层民众中也极受欢迎，"担夫走卒居然有坐阶石读报者"。有读者反馈："自出了这京话日报，把我害的成了话痨，天天一过了晌午，坐在家里，一语不发，呆呆的盼报，真比上了鸦片烟瘾还利害，报纸来了，赶紧看完，赶紧对人去说。"②该报主笔彭翼仲也成为全国闻名的编辑人，"东及奉、黑，西及陕、甘，凡言维新爱国者莫不响应传播。而都下商家百姓于《京话日报》则尤人手一纸，家有其书，虽妇孺无不知有彭先生"。③

进入民国，尤其是"五四事件"以后，白话文在中国出版界应用更加广泛，1919年5月至6月间，爱国学生发起了大规模的罢课及抵制日货行动。在这些行动中，他们开始用白话文撰写文章、宣传单以及出版书刊，尽管发给政府的文件和多数严肃的宣言还是采用文言文，但事实证明用白话文写的文章比用文言文写的文章在宣传效果上要好得多。在"五四事件"之后的半年时间内，中国大地上约有400种白话文新刊物出版。1920年，北洋政府教育部决定在国民小学中推广白话文教材，使得白话文正式进入体制之内。④白话文书籍大量涌现。正如有学者指出，中国古代藏书与出版事业均以名门大族作为主要的经济支柱，书籍的生产、收藏是文人士绅

---

① 《来稿诸君鉴》，《京话日报》1905年4月9日。

② 李建中：《迷信报纸》，《京话日报》1905年11月13日。

③ 梁济著，黄曙辉编校：《梁巨川遗书》，华东师范大学出版社，2008，第31页。

④ 马以鑫：《"白话文运动"历史轨迹的重新考察》，《华东师范大学学报（哲学社会科学版）》1996年第2期。

累积文化资本的手段，也是社会阶层的主要身份表征之一。[①]白话文书刊的兴起，也标志着近代出版业的目标群体从精英向大众的转变。

2. 新式标点符号的使用

标点符号对现代写作而言极具价值，不仅能够使语句意义更加明确，文章更为流畅，而且还能够表达出语句的声音、神情及语气。可以说，标点符号是现代文章中不可或缺的组成部分，正如朱自清所言："白话文之所以为白话文，标点符号是主要的成分之一。标点符号表明词句的性质，帮助达意的明确和表情的恰切，作用跟文字一样，决不是附加在文字上、可有可无的玩意儿。"[②]

我国出现标点符号的时间甚早，如有现代学者就认为殷商时期甲骨文中就已见标点符号的使用。此后标点符号的种类日益多样化，两汉时期新产生标点符号 13 种，魏晋至唐五代时期所使用的标点符号约 18 种，而宋元明时期新出现和使用的标点符号多达 30 余种。除此之外，古代还出现了一批诸如宋真德秀《批点法》、明唐顺之《批点法》之类专门讨论标点符号使用的论著，"对标点符号的名称、用法，有的还有形体，都做了详细的说明，具有了当代《标点符号用法》的性质"[③]。但是毋庸置疑的是，标点出现在古代书籍中的概率是极低的，人们只在极少数情况下使用它们，而非一种常态。唐代韩愈在《师说》中提到当时社会中普遍存在"句读之不知，惑之不解，或师焉，或不焉，小学而大遗，吾未见其明也"[④]的现象，可见标点符号在当时尚未流行，还需要读者通过不断的阅读来理解文意。

---

① 李家驹：《商务印书馆与近代知识化的传播》，商务印书馆，2005，第 116 页。
② 朱自清：《写作杂谈》，上海开明书店，1945，第 186 页。
③ 管锡华：《中国古代标点符号发展史》，巴蜀书社，2002，第 11 页。
④ 李志敏主编：《唐宋八大家名篇鉴赏》卷 1，福建美术出版社，2013，第 11 页。

现代意义上的标点符号使用是西学东渐的成果。京师同文馆学生张德彝是较早地介绍西方标点符号使用的中国人，1868 年在《再述奇》一书中就记述了泰西各国的标点符号 9 种，并标明了各自的用法。[①] 此后，西方标点符号在国内一些报刊或出版物中屡屡被借用，如 1897 年王炳耀的《拼音字谱》在香港出版，该书记载王氏自创的 10 种新式标点符号，其中 6 种引自海外，2 种沿袭古代，2 种为自创[②]，1904 年严复的《英文汉诂》使用了 8 种英语标点符号，等等。国人频繁借用西方标点符号，许多个人、学术团体和出版机构也在此基础上创造各自的标点符号，因此有学者将 19 世纪末至 1920 年这段时间概括为"中外标点符号嫁接期"。[③]

标点符号体系真正中国化还是在新文化运动之后。《新青年》创办之后，相继发表有关文章探讨标点符号问题，特别是 1919 年《新青年》第七卷第一号发表的《本志所用标点符号与行款的说明》，实际上为编辑出版界提供了一套完善的实施方案。除了《新青年》编辑同人外，编辑界其他人士也相继发表有关新式标点符号的文章。如陈望道 1918 年 5 月在《学艺》第三卷上发表《标点之革新》一文，介绍了 10 种西式标点。此后，陈望道又在《浙江省立第一师范学校校友会十日刊》（第 1—5 号）上发表《新式标点的用法》，文中共介绍新式标点 15 种。次年，陈望道在《学艺》第四卷上发表《标点符号论第二》，进一步阐发借用西式标点的思想，并列出了标有 16 种标点符号的《标点类别表》。[④]

1919 年 11 月，胡适等人向北洋政府教育部提出议案，请求教育部颁

---

① 张德彝：《欧美环游记（再述奇）》，湖南人民出版社，1981，第 197–198 页。

② 郭攀：《20 世纪以来汉语标点符号研究》，华中师范大学出版社，2009，第 21 页。

③ 郭攀：《20 世纪以来汉语标点符号研究》，华中师范大学出版社，2009，第 20 页。

④ 苏培实：《标点符号规范用法》，湖南出版社，1995，第 11–12 页。

布新式标点符号，该议案详细解释了标点符号的名称、标点符号的种类和用法、推行新式标点符号的理由。此外，该议案还附带第十三条"附则"：（1）句、点、分、冒、问、惊叹等六种符号，最好放在字的下面；（2）每句之末，最好是空一格；（3）每段开端，必须低两格。上述议案获得北洋政府教育部批准，1920年2月北洋政府教育部发布了第53号"训令"，颁行了《通令采用新式标点符号》。从此，新式标点符号在中国社会确立地位，得到推广和普及，进而对中国出版业发展产生影响。

3. 现代书籍装帧的出现

19世纪末20世纪初，在向西方尤其是向日本学习的过程中，近代书籍装帧设计理念进入中国，文字横排、左边装订和平装、精装概念逐渐为中国出版业所接受。据学者的研究，留日学生戢翼翚1900年在东京创办译书汇编社，采用洋装形式出书，这是中国人出版的第一本洋装书。[①]梁启超1902年创办的《新民丛报》和《新小说》两种刊物，也都是采用"洋装"形式。由于上述两种刊物在当时中国社会具有广泛影响力，从而也使得"洋装"这种装帧形式渐渐为国人认识并接受。此后，中国近代书籍装帧工作者在保留并发扬传统书籍装帧元素的基础上，将书籍装帧发展成为一门独立的美术工艺。

以封面设计为例。封面是现代书籍装帧设计区别于传统书籍装帧设计最为显著的领域之一，传统书籍装帧追求"雅致"，封面多以单色覆盖，经、史、子、集对应绿、红、蓝、灰，象征春夏秋冬四季轮转。除此之外，还会加上题签以便翻检。19世纪末20世纪初，一些新式书刊的封面设计开始突破传统的樊篱，例如光绪三十二年（1906年）上海中新书局出版的《女儿花》

---

① 郭恩慈、苏珏：《中国现代设计的诞生》，东方出版中心，2008，第38页。

一书，即以西洋人物绘画作为封面。宣统元年（1909年）《孽海花》再版时，出版人将该书封面改为彩绘封面，通过白线勾描的方式勾出波浪、荷花图案，并且在封面上部空白处自右向左横写书名。[①] 而一些期刊采用美图吸引读者眼球，如1903年创刊的《绣像小说》，第一期封面是一枝色泽明艳的牡丹花，第二期起是一只神态逼真的孔雀。1904年创刊的《东方杂志》，创刊号封面上是一条巨龙。[②] 进入民国，受到新文化运动的影响，封面设计格外受到编辑界的重视。以鲁迅为例，作为现代封面设计的实践者与倡导者，他常常亲手设计封面。根据学者的统计，他一生设计的书刊封面多达六七十种，而且其中精品甚多。在鲁迅的影响和领导下，诸如陶元庆、丰子恺、钱君匋等美术工作者投向了书籍装帧和插图工作，推动了书籍装帧整体水平的提高。[③] 这一时期崇尚"美的封面"，书刊封面设计更加艺术化和多样化，主要原因还在于市场竞争，因为美的封面可以吸引购书人的兴趣和注意。[④]

（三）中国近代的图书广告

1. 近代图书广告的繁荣

虽然图书广告出现甚早，但是正如戈公振所言，"甲午以后，始有学校广告，出版广告亦渐多"[⑤]，"作为发布、沟通书业信息重要工具的书业广告，开始借助于一些新型的大众传媒，成为近现代书业活动的一个重要组成部分"[⑥]。作为中国近代发行量最大的报纸《申报》，据学者统计，1898年至1901年间共刊登书籍广告2043则，四年的年广告量按顺序分

---

① 王四朋：《近代书籍从传统装潢到现代装帧的转型》，《史学月刊》2010年第8期。
② 李晋林：《中国近现代期刊的封面装帧艺术》，《编辑之友》2001年第6期。
③ 刘颖：《鲁迅的书籍装帧艺术及其思想》，《出版史料》2007年第1期。
④ 闻一多：《出版物底封面》，载《闻一多全集》第2卷，湖北人民出版社，1993，第7页。
⑤ 戈公振：《中国报学史》，中国新闻出版社，1985，第285页。
⑥ 王余光、吴永贵：《中国出版通史》民国卷，中国书籍出版社，2008，第217页。

别为 669、529、322、523。如果按月统计，广告最多的一个月为 58 则，最少的仅 10 则。[①] 再如《新民丛报》，"1902 年的各期中广告版面所占比重约为正文的 15%—18%，广告页与内容页的比例一直保持在 1 : 6 左右，其中最高达到 1 : 4.72。而在各种广告中又以图书出版类广告居多，占全部广告版面的 70% 左右"[②]。进入民国之后，图书广告更加丰富多彩，有研究者曾对 1912—1917 年间每月第一份《申报》的图书广告总量进行统计，从其结果不难看出民初图书广告较之清末时期更为繁荣（见表 4-3）。

表 4-3　1912—1917 年每月第一份《申报》的图书广告量[③]

	1912 年	1913 年	1914 年	1915 年	1916 年	1917 年
1 月	2	2	5	12	14	11
2 月	1	4	9	12	13	10
3 月	3	2	10	15	10	12
4 月	3	4	11	9	6	14
5 月	6	3	9	8	5	8
6 月	3	1	5	7	7	11
7 月	4	3	12	18	8	10
8 月	4	3	11	12	6	7
9 月	3	3	10	15	8	14
10 月	5	4	9	8	5	16
11 月	3	3	15	14	7	14
12 月	2	4	15	13	1	13

[①] 梁玉泉：《清末上海的书籍市场（1898—1901）——以〈申报〉书籍广告为例》，《南京晓庄学院学报》2005 年第 3 期。

[②] 刘兰肖、刘宇新：《广告中彰显的世变——1902 年〈新民丛报〉图书广告分析》，《出版发行研究》2008 年第 6 期。

[③] 黄佑志：《民初〈申报〉图书广告之研究（1912—1917）》，硕士学位论文，四川大学，2007，第 9 页。

　　到了 20 世纪二三十年代，由于国家政治相对稳定，经济快速发展，出版业也进入了所谓的"黄金十年"。出于市场竞争以及吸引读者注意的目的，出版企业都很重视广告宣传，图书广告也呈现繁荣之象。仅以1932 年创刊的《现代》杂志而言，"在六卷三十四期的《现代》杂志中，共有约 530 则广告，平均每期杂志约有 15 则广告"[1]。而像商务印书馆这类资本雄厚的出版企业在《申报》《新闻报》和《大公报》等全国知名的大报上都有固定的广告版面，"格式是一个长栏，上面三分之一地位是'每日一书'，有内容介绍，文字简练；下面三分之二地位则是每周重版书书目，没有文字介绍"[2]。其他一些实力较弱的中小书局由于无法承担巨额的广告费，通常采用联合的方式将《申报》《大公报》等知名报纸的整版广告包下来。除此之外，一些书局特意创办杂志以便于刊登图书广告，吸引读者购买本版图书。如自由书店专门创办《自由月刊》就是为了便于给本版图书发广告做宣传。

　　2. 图书广告的撰写

　　近代图书广告的繁荣，一方面由于出版竞争日趋激烈，另一方面也要归功于编辑群体的用心，"做书刊广告是要动点脑筋，花点功夫的，要把它当作一种'创作'看待。三十年代的出版界就是这样做的"[3]。例如，丁玲1933年因被国民党特务绑架而告失踪，现代书局出版其小说《夜会》时，施蛰存就为之撰写两则广告，一方面评价和强调丁玲在文学上的突出成就，一方面也向读者传递该书是丁玲失踪前的最后作品的信息，这些都显示出

---

① 张永胜：《鸡尾酒时代的记录者——〈现代〉杂志》，上海人民出版社，2003，第 123 页。

② 辛雨：《漫话三十年代书籍广告》，《读书》1979 年第 4 期。

③ 钱伯城：《漫谈书刊广告》，载范用《爱看书的广告》，生活·读书·新知三联书店，2004，第 170 页。

施蛰存作为编辑家的眼光以及作为生意家的头脑。[①] 在书局中，编辑一般都会被要求亲自撰写图书广告，如 1936 年 10 月 9 日陆费逵先生在给编辑所所长舒新城的信中，强调中华各杂志每期都要刊登介绍本版图书的广告，"《新中华》介绍政治、经济、文学，《小朋友》介绍儿童书，《教育界》介绍教育书，《英文周刊》介绍英文书。除编辑自己起草外，可由原编校人拟稿选登"[②]。开明书店重视编辑撰写图书广告，规定新人入店后要学会的第一个本领就是写新书介绍，要求新人能够简单明了地概括新书的内容及特色。[③]

近代编辑人善写广告者比比皆是，如鲁迅、叶圣陶、赵家璧、巴金、茅盾、施蛰存、胡风、陆蠡等，均是此中好手。鲁迅作为我国著名的编辑出版家，十分重视书刊广告的作用，他不仅爱看广告，而且也善写广告。以 1906 年撰写的《中国矿产志》广告为开端，他一生亲拟的书刊广告达到 34 则。[④] 考虑到文稿散佚的情况，这个数字原本应该会更高。在长期的书刊广告撰写实践中，鲁迅形成了自己质朴、诚恳的广告写作风格，例如《〈苦闷的象征〉广告》，语言直白，一点也不花哨。[⑤] 鲁迅强调图书广告的"真实性"，《京报》曾刊登过有关《莽原》的出版预告，鲁迅看后认为其严重脱离现实，"夸大可笑"，于是重拟后再刊登。[⑥] 而他对广告真实性的坚持也成为他与《语丝》决裂的原因之一，这一点鲁迅在《我和〈语丝〉的始终》一文中就曾有揭示：

①李辉：《施蛰存写广告》，载范用《爱看书的广告》，生活·读书·新知三联书店，2004，第 174 页。
②中华书局编辑部编：《中华书局百年大事记（1912—2011）》，中华书局，2012，第 89 页。.
③欧阳文彬：《广告中的学问》，载范用《爱看书的广告》，生活·读书·新知三联书店，2004，第 191 页。
④蔡雨坤、潘国庆：《自拟书刊广告：鲁迅编辑出版的一个侧面》，《出版发行研究》2009 年第 2 期。
⑤鲁迅：《鲁迅全集》第 8 卷，人民文学出版社，2005，第 467 页。
⑥鲁迅：《鲁迅全集》第 8 卷，人民文学出版社，2005，第 472 页。

还有一种显著的变迁是广告的杂乱。……（《语丝》）自从移在上海出版以后，书籍不必说，连医生的诊例也出现了，袜厂的广告也出现了，甚至于立愈遗精药品的广告也出现了。……积了半年的经验之后，我就决计向小峰提议，将《语丝》停刊，没有得到赞成，我便辞去编辑的责任。①

再如叶圣陶，既是国内闻名的小说家，也是有名的编辑家。他写的书刊广告风格多样，不仅能够紧扣图书主题，而且文字风格也能与原作保持一致，有浑然一体之感。如他为茅盾《幻灭》《动摇》《追求》所写的广告，文笔细腻，几近小品散文。②而他为好友俞平伯《读词偶得》一书写广告时，因原作是用文言写成，所以他也用文言撰写，该广告显得异常雅驯：

此书系取古名家词而解释之，凡温飞卿、韦端己、南唐中主、南唐后主、周美成五家。并不依傍成说，亦不措意于语原典故之末，惟体味作者当时之心情境界，而说明其如是抒写之所以，与所谓"诠释"之作全异其趣，其说由浅而深，初学者循序展玩，不特悟词为何物，抑且怀词人之心矣。末附平伯先生所选古人词一百零八首，可资讽诵。③

---

① 鲁迅：《鲁迅全集》第 4 卷，人民文学出版社，2005，第 256 页。
② 广告词为"革命的浪潮打动古老中国的每一颗心。摄取这许多心象，用解剖刀似的锋利的笔触来分析给人家看，是作者独具的手腕。由于作家的努力，我们可以无愧地说，我们有了写大时代的文艺了。分开看时，三篇各自独立；合并起来看，又脉络贯通——亦惟一并看，更能窥见大时代的姿态"。载范用：《爱看书的广告》，生活·读书·新知三联书店，2004，第 14 页。
③ 范用：《爱看书的广告》，生活·读书·新知三联书店，2004，第 21 页。

三、编辑内容变化对中国近代出版业的影响

（一）从编著合一到编著分离

从早期甲骨文的原始形态看，"编"字的原意当是龟册的编联，"左边是编连物参差不齐的龟册形象，右边是代表物品性质的符号'系'，这是一个会意字，指的是串联龟册的丝绳"[1]。古时"辑"与"缉"相通，《说文解字·系部》："缉，绩也。"段玉裁注云："凡麻……析其皮如丝而割之，而续之，而后为缕，是曰绩，亦曰缉，亦累言缉绩。"因此"辑"当有搜集材料之意。综上所述，古代"编""辑（缉）"的本意都有搜罗材料，整理完善之意。我国古代书籍大致可以分为三类："第一是'著作'，将一切从感性认识所取得的经验教训，提高到理性认识以后，抽出最基本最精要的结论，而成为一种富于创造性的理论，这才是'著作'。第二是'编述'，将过去已有的书籍，重新用新的体例，加以改造、组织的工夫，编为适应于客观需要的本子，这叫做'编述'。第三是'钞纂'，将过去繁多复杂的材料，加以排比、撮录，分门别类地用一种新的体式出现，这称为'钞纂'。三者虽同是书籍，但从内容实质来看，却有高下浅深的不同。"[2] 在三种书籍类型中，"著作"独创性程度最高，而"编述"和"钞纂"两种形式则明显带有"编著合一"的特点。

所谓编述，清代学者焦循在《雕菰集》卷七《述难篇》中曾有过界定："已有知之觉之者，自我而损益之；或其义久而不明，有明之者，用以教人，

① 姚福申：《"编辑"辞义辨析》，《编辑学刊》1991年第2期。
② 张舜徽：《中国文献学》，华中师范大学出版社，2004，第25页。

而作者之意复明，是之谓'述'。"①可见，"述"的过程并不是一种简单的继承，而是一种具有创造性的活动。它要求编述者对前人作品进行充分的消化、吸收，然后对相关思想观点再进行阐述，以复明前人的思想。这个过程不仅包括对前人思想（或口头，或书面）的搜集，同时还包括自己的思考与领悟，"自我损益"。从这一层面来说，"编述"不仅包括搜集、整理材料的过程，而且包含独自创作的成分，"编著合一"十分明显。而"抄纂"即"将过去繁多复杂的材料，加以排比、撮录，分门别类地用一种新的体式出现"，这种方式较之编述更为契合现代"编辑"定义。但是这种活动"在编排体例的安排，在注释、序跋的编写等方面"②仍然会有著的成分。

　　到了近代，由于时代进步以及专业分工的发展，编辑工作渐渐从著述活动中分离，进而形成一种独立的职业。这一点从编译所的存废及工作内容的变迁即可看出。如商务印书馆在"一·二八事变"之后，取消编译所，成立"编审委员会"，只就外来的投稿加以审阅出版，另外雇佣校对人员从事校对工作，必须自己编译的书，如教科书，则就其门类，另聘专员，在外面编辑，论稿计酬。当然，其他诸如中华书局、世界书局、正中书局、开明书店等出版机构，依然保持原来的工作内容。例如20世纪40年代开明书店编译所对其员工职责的规定：一、编译各种图书；二、审订外来稿件；三、整理旧出版物及旧稿；四、办理所主任委托之事件。③

---

① 张舜徽：《中国文献学》，华中师范大学出版社，2004，第24页。

② 吴永贵：《中国出版史》上册，湖南大学出版社，2008，第45页。

③《编译所暂行办事规程》（开明书店），载汪耀华选编《民国书业经营规章》，上海书店出版社，2006，第289页。

（二）推动专业出版的发展

相较于古代，近代编辑内容有了明显的变化，这种变化一定程度上推动了专业出版的兴起与发展，下文以科技期刊出版的形成与发展为例进行说明。

1876 年，由英国传教士傅兰雅编辑出版的《格致汇编》被看作我国近代出版史上的第一份科学杂志[①]。作为我国近代出版史上的第一份科学杂志，该刊一直强调刊载内容应该基础易懂，不尚深奥。在创刊号中，作为主编的傅兰雅选择登载了《钱伯斯科学导引》译本。作为一本科普读物，《钱伯斯科学导引》全书总计 301 节，分别介绍了近代天文学、力学、地质学、地理学、热学、光学、电学、化学、植物学、动物学和人类学等学科的基本常识。除此之外，傅兰雅在编辑工作中有意向读者介绍和传播一些工艺技术知识，以适应整个社会对"格致之学"的需要。在傅兰雅的精心培育下，《格致汇编》创造了当时出版界的奇迹。其创刊号首次印刷3000 本，很快就销售一空，后来的一些卷次也重印过数次。1890 年复刊后，该刊印数达到 4000 册。[②]《格致汇编》传播范围很广，根据 1890 年的一项资料，《格致汇编》除在国内 70 多个城市销售外，还在新加坡及日本神户、横滨等地发行。[③]

---

① 王福康、徐小蛮认为《中西闻见录》是我国第一份中文科学杂志（王福康、徐小蛮：《清末的科学杂志》，载宋原放主编《中国出版史料（近代部分）》第二卷，湖北教育出版社，2004，第 393 页），但王扬宗对此进行了驳正，认为《格致汇编》封面上虽注明"编补续《中西闻见录》"，但同《中西闻见录》是截然不同的新刊，二者并没有真正的传承关系。参见王扬宗《〈格致汇编〉与西方近代科技知识在清末的传播》，《中国科技史料》1996 年第 1 期。本研究赞同后者的观点。

② 王扬宗：《〈格致汇编〉与西方近代科技知识在清末的传播》，《中国科技史料》1996 年第 1 期。

③ 国内主要销售至沿海沿江和通商埠头，如北京、上海、天津、南京、安庄、杭州、宁波、温州、厦门、福州、保定、长沙、湘潭、益阳、汉口、兴国、宜昌、沙市、武昌、九江、南昌、镇江、苏州、扬州、桂林、广州、汕头、太原、济南、烟台、登州、青州、重庆、武穴、邢伯、牛庄、淡水（台北）、香港等，参见王治浩、杨根《格致书院与〈格致汇编〉——纪念徐寿逝世一百周年》，《中国科技史料》1984 年第 2 期。

《格致汇编》对当时国人，特别是追求新知的知识分子影响较大，许多人都是从《格致汇编》中了解近代科技知识，获得科学知识。徐维则在其编成的《东西学书录》中评价："《格致汇编》所言格致新理择要摘译，洪纤具载，汇集成编，多有出于所译各书之外者。……载答问语数百次，若分类别刊一编，其启发后学不少也。"①1892年梁启超经过上海时，曾"购江南制造局所译之书，及各星轺日记，与英人傅兰雅所辑之《格致汇编》等书"②。1892年《格致汇编》停刊之后，依然是许多知识分子喜爱的读物，1897—1898年间清末士人孙宝瑄在日记中记载了他数次研读《格致汇编》的经历和感受。③在《格致汇编》的示范效应带动下，1876年至1911年的35年间，中国出版界先后有39种科学杂志出版（见表4-4），有力推动了我国科技出版事业的发展。

表4-4　清末科学杂志出版情况一览表④

	综合性科学杂志	专业科学杂志	合计		综合性科学杂志	专业科学杂志	合计
1876	2		2	1904		2	2
1884		1	1	1905		2	2
1888	1	1	2	1906	2	2	4
1897	2	1	3	1907	3	3	6
1898	2	1	3	1908	2	2	4
1900		1	1	1909		1	1
1901	2		2	1910		3	3
1903	1		1	1911		2	2

①王韬、顾燮光等编：《近代译书目》，北京图书馆出版社，2003，第271页。

②丁文江、赵丰田：《梁启超年谱长编》，上海人民出版社，1983，第28页。

③王扬宗：《〈格致汇编〉与西方近代科技知识在清末的传播》，《中国科技史料》1996年第1期。

④王福康、徐小蛮：《清末的科学杂志》，载宋原放主编《中国出版史料（近代部分）》第二卷，湖北教育出版社，2004，第393页。此表数据经过修订。

第五章
读者群体的转变

一、近代以前读者概述

有学者指出，近代以前的读者群体主要有两种：一种以文人、知识分子、富商大贾为主，其消费品种主要是传统的经、史、子、集；另一种则是略识文字的社会民众，其主要消费品种是通俗性书刊以及科场考试用的辅助读物。[①] 这种说法虽然没有错，但是略显笼统，下文将基于已有研究成果进行更深入的探讨。

（一）近代以前的读者规模

站在出版的视角，"读者"不仅应当具有阅读能力及阅读需求，还应具有购买能力与购买欲望。因此，下文主要从这两个方面进行论述。

考察读者规模，一个重要的指标就是识字率[②]。所谓识字率，有学者认为："从'实用性'（Functional Literacy）的标准出发，即指一个人

[①] 李家驹：《商务印书馆与近代知识文化的传播》，商务印书馆，2005，第210页。

[②] 识字率问题颇为复杂，对中国近代以前识字率的考察最重要的成果当属美国学者罗友枝的《清代教育与大众识字率》，但是学界对该书中得出的结论也有质疑。参见张朋园：《识字率与现代化——读〈清代教育与大众识字能力〉》，载《知识分子与近代中国的现代化》，百花洲文艺出版社，2002，第202-211页。

的识字水平大致能应付相应于他所生活的历史时期的一般社会要求……我们可以说一个识字的人应该具有例如记账、在契约文书上签名或读懂官府简短文告等能力。"① 依照此等标准，美国学者罗友枝估计出 19 世纪 80 年代（清光绪初年）的识字率水平："男人为 30% 至 45%，女人为 2% 至 10%。如果以低限论之（男人 30%，女人 2%），则平均识字率为 16.6% 至 20.5%；以高限论之（男人 45%，女人 10%），则平均识字率为 24% 至 28%。"② 但是这个结论是值得商榷的，例如光绪三十三年（1907 年）清政府推行九年预备立宪，其中项目之一就是推广识字。预备立宪清单中规定："第二年颁布简易识字课本，创设厅州县简易识字学塾，颁布国民必读课本；第四年创设乡镇简易识字学塾；第七年人民识字义者须得一百分之一；第八年须得五十分之一；第九年得二十分之一。"③ 可见在统治者的眼中，当时全国识字率 1% 都不到。而孟昭常在 1907 年也撰文说："（人民）大半不识字，书不足以记名姓，数不足以计米盐，目不识图册版串为何物，耳不辨权利义务为何等名词，见官府示谕，茫然不知赤文录字竟作何语。若是者，何为耶！"④ 上述记载都说明当时全国民众的识字率远没有罗友枝估计得高。即使识字率如此之低，也不代表识字率乘以人口总数就是读者的规模，因为这种建立在"实用性"标准之上的"识字"与出版意义上的读者阅读能力还有很大的差距。

---

① 包伟民：《中国九到十三世纪社会识字率提高的几个问题》，《杭州大学学报（哲学社会科学版）》1992 年第 4 期。

② 张朋园：《识字率与现代化——读〈清代教育与大众识字能力〉》，载《知识分子与近代中国的现代化》，百花洲文艺出版社，2002，第 203 页。

③《候补四品京堂劳乃宣奏请于简易学塾内附设简字一科并变通地方自治选民资格折》，《政治官报》1909 年 1 月 16 日。

④ 孟昭常：《广设公民学堂议》，《东方杂志》1907 年第 2 期。

除了识字率的问题外，古代高昂的书价也将许多清贫之人排除在读者范围之外。南宋叶梦得在《石林燕语》中说："唐以前，凡书籍写本，未有模印之法，人以藏书为贵。"唐代以后直到明清，尽管雕版印刷术的普及使得图书价格有所下降，但是图书也不是普通百姓能够消费得起的。[①] 以明清时期的通俗小说为例，明朝万历乙卯年（1615 年）姑苏龚绍山刊行的《新镌陈眉公先生评点春秋列国志传》，标价"每部纹价壹两"。根据明朝万历二十一年（1593 年）出版的沈榜《宛署杂记》，我们可以知道万历二十年（1592 年）前后的物价水平，"鸡的价格为每只 4 分银子，狗每只 5 分银子，白布每匹 2 钱银子，红枣每斤 1 分 3 厘银子，若按此计算，一套《封神演义》就相当于 50 只鸡、40 只狗、10 匹白布、154 斤红枣"[②]。到了清中前期，通俗小说的价格依然较高，以《红楼梦》为例，"乾隆八旬盛典后，京板《红楼梦》流行江浙，每部数十金。至翻印日多，低者不及二两"[③]，而乾隆四十年（1775 年）时朝鲜永城副尉申绥托人来华买《金瓶梅》小说，"一册直银一两，凡二十册"[④]，这样的价格自然不是普通平民百姓所能承担的。即使是晚清，传统刻书的价格依然昂贵，诗人陈衍曾写诗道："一函卅册价半万，辄以送遗吾将贫。无端持赠人亦贱，委弃不阅堆灰尘。街坊书贾为我卖，抬价数倍良可嗔。"[⑤] 高昂的书价极大地限制了读者的数量，有能力购书者只能是官宦（包括其家人）、商贾（包括其家人）。

---

① 明朝万历年间平均书价大致为每册 0.28 两白银，如一部《封神演义》标价白银 2 两，而当时北京一个刻书工人的月工资仅 1.5 两银。清代书价也大致与明代持平，平均每册均在 0.3 两银，当时一个普通的政府文书人员（抄书贡生）月薪 1.8 两银，七品知县的薪俸也不过每月 8 两，可见书价之昂贵。见袁逸：《中国古代的书价》，《图书馆杂志》1991 年第 4 期。

② 潘建国：《明清时期通俗小说的读者与传播方式》，《复旦学报（社会科学版）》2001 年第 1 期。

③ 潘建国：《明清时期通俗小说的读者与传播方式》，《复旦学报（社会科学版）》2001 年第 1 期。

④ 潘建国：《明清时期通俗小说的读者与传播方式》，《复旦学报（社会科学版）》2001 年第 1 期。

⑤ 汪家熔：《近代出版人的文化追求》，广西教育出版社，2003，第 29 页。

　　虽然上述两方面的考量有助于我们理解近代以前读者的数量，但要给出一个相对合理的数值或者估算出读者在社会人口中的比重，仍然需要进一步探讨。值得庆幸的是，张仲礼对中国绅士所做的研究为解决这一问题提供了重要启示。因为绅士阶层是科举制度的受益者，买书、读书是他们获得功名的必需。另外，绅士都有较为稳定的收入来源，经济状况普遍宽裕，正好满足读者购买能力的要求。在古代，绅士主要包括"正途"和"异途"两类，所谓"正途"就是通过科举考试获得功名，这一类人员包括生员（秀才）、举人、贡生、进士和官吏，而"异途"主要是指通过捐纳获得功名，这一类较低层次的为监生和例贡生，较高级别的为官吏。① 两者相加可得到绅士的总数。张仲礼的研究主要针对太平天国运动以前（人口数据以 1842 年为基准）和太平天国运动后（人口数据以 1885 年为基准）的中国绅士阶层情况，得出如下结论：太平天国前（1842 年）绅士总数约为 110 万（生员 739199 人，监生 355535 人），约占全国人口的 0.27%；太平天国后（1885 年）绅士总数约为 144 万（生员 910597 人，监生 534000 人），约占全国人口的 0.38%。② 另外，考虑到一般绅士家庭的平均规模为 5 人③，所以太平天国前包括家属成员在内的绅士阶层总人数约 550 万，约占全国总人口的 1.37%，太平天国后包括家属成员在内的绅士阶层总人数约 720 万，约占全国总人口的 1.91%。因此，笔者认为近代以前的主要读者规模占全国总人口的 2% 左右④。

---

　　① 张仲礼：《中国绅士研究》，上海人民出版社，2008，第 6 页。

　　② 张仲礼：《中国绅士研究》，上海人民出版社，2008，第 83 页。

　　③ 张仲礼：《中国绅士研究》，上海人民出版社，2008，第 92 页。

　　④ 需要指出的是，读者人数问题十分复杂，例如上述数据忽视了将近 200 万的童生（没有取得功名，所以不属于绅士阶层），而绅士阶层中的监生，主要是依靠捐纳得来，也不能保证人人都有读书能力和购买欲望，所以本书取 2% 应该是能接受的。童生人数见张仲礼：《中国绅士研究》，上海人民出版社，2008，第 75 页。

（二）近代以前读者的主要阅读品种

近代以前读者的阅读品种主要包括三大类。[①]

1. 与科考有关的书籍

有学者指出："自科举考试制度施行以来，便形成了一种以科举制度为中心的印刷文化（print culture），在利润的驱动下，书商积极出版此类书籍；在功名的驱动下，士子也热衷寻求此类书籍。"[②] 如在启蒙阶段，按照元明清十分流行的"程氏家塾分年读书日程"的要求，读书人八岁以前应该读的是《三字经》《百家姓》《千字文》《千家诗》，目的是识字。八岁至十五岁先读《小学》，次读《大学》《论语》《孟子》《中庸》《孝经刊误》。十五岁以后先读《论语集注》《孟子集注》《中庸章句或问》《论语或问》《孟子或问》，次读《易经》《尚书》《诗经》《仪礼》《礼记》《周礼》《春秋》（并"三传"），其中读史的次序是先《通鉴》（参看《纲目》），次《史记》《汉书》《唐书》，再次读"韩文"和楚辞。[③] 而在明代，要获得更高层次的功名，可能还需要阅读"《十三经注疏》《史记》和 1100 年以前撰著的十八史，总共有 2750 卷；然后是 3000 卷左右的北宋早期丛书；另外 3000 卷左右南宋印刷的十余种丛书"[④]。科举制度如同指南针，指挥着人们的阅读行为，到了 1903 年，开明书店王维泰在汴梁（今开封）卖书时观察购买者："其最多之多数，必问《通鉴辑览》《经世文编》，甚至或问《子史精华》《四书味根》《五

---

① 李鹏：《论中国古代图书出版的热门选题》，《广西社会科学》2013 年第 11 期。

② 曹南屏：《坊肆、名家与士子：晚清出版市场上的科举畅销书》，《史林》2013 年第 5 期。

③ 缪咏禾：《明代出版史稿》，江苏人民出版社，2000，第 380—381 页。

④［美］周绍明：《书籍的社会史——中华帝国晚期的书籍与士人文化》，何朝晖译，北京大学出版社，2009，第 49 页。

经备旨》者，此皆未脱八股词章窠臼者，为最下乘。其次则问《商榷》《札记》《掌故汇编》《九家古注》《七经精义》等书，是为旧学中已得门径者，为次下乘。若购觅《朔方备乘》《航海图经》及《泰西新史》《政治艺学全书》等，则渐有新旧过渡思想，临文时能解调查者，为中下乘。至讲求公法，详考路矿，采访学制，搜讨兵政，东西各书籍者，虽不外得第起见，然已预备得第后之进步，是为中乘。若考察理化各科，工商诸业，殖民政策，建国主义者，其胸中已有成竹，特假文场为发挥地，不系心于得失者，是为上乘。至留心民约、社会、立宪、国法，则其思想已臻极点，方针已有定向，行所欲行，止所欲止，是为更上乘。若平日立定宗旨，不辞义务，学有门径，善自韬晦，意在枉尺直寻者，虽千百中不得一二，是为能造世界之英雄，乃无上上乘。其他私利填胸，功名束肋，若剧场之傀儡，全无自动力者，于七级浮屠，尚未涉足，更不可以数计。"①不仅身处内地的汴梁如此，即使文教事业发达的江苏南京的情况也不相上下，"科举新章，既以论策义取士，衡于三者间，维《四书》义、《五经》义尤为彼曹特别注意之件。来购书者，辄矢口曰：有《四书大全》否？有《五经备旨》否？指书目示之，错愕不知所对，惘惘以去者日以百十数"②。

2. 娱乐休闲类书籍

普通民众有阅读旨在休闲娱乐的通俗读物的需求，正如学者所指出的，"他们不可能从正规教育、书籍阅读和独立观察思考来满足这些精神文化的需要，只能利用休假、节日和工余之时，在低消费的文化娱乐场所里观

---

① 王维泰：《汴梁卖书记》，载宋原放主编《中国出版史料（近代部分）》第三卷，湖北教育出版社，2004，第324页。

② 公奴：《金陵卖书记》，载宋原放主编《中国出版史料（近代部分）》第三卷，湖北教育出版社，2004，第311页。

看种种民间文艺表演或阅读通俗作品以满足这些需要"①。社会需求推动了古代词曲、小说等娱乐休闲类图书的繁盛，如明代苏州府昆山县人叶盛就在《水东日记》中对当时市民热爱小说和戏曲的情况有所描述："今书坊相传射利之徒伪为小说杂书，南人喜谈如汉小王（光武）、蔡伯喈（邕）、杨六使（文广），北人喜谈如继母大贤等事甚多。农工商贩，钞写绘画，家畜而人有之；痴骏妇女，尤所酷好，好事者因目为《女通鉴》，有以也。甚者晋王休征、宋吕文穆、王龟龄诸名贤，至百态诬饰，作为戏剧，以为佐酒乐客之具。有官者不以为禁，士大夫不以为非；或者以为警世之为，而忍为推波助澜者，亦有之矣。意者其亦出于轻薄子一时好恶之为，如《西厢记》《碧云騢》之类，流传之久，遂以泛滥而莫之救欤。"②受社会风气影响，明代官刻也对小说、戏曲给予足够的重视，"北京都察院刻《三国志演义》《水浒传奇》及《万化玄机》《悟真篇》之类。又如《太古遗音》，则宁藩所著曲套；《神奇秘谱》，则宁藩所著棋经。堂堂风宪有司，而刻书如此之轻诞，是无怪《五经》《四书》《性理大全》等书乃为司礼监专其事矣"③。到了清代，普通民众爱读小说、戏曲的风气依然连绵不绝，清初李渔说："今人喜读闲书，购新剧者十人而九；名人诗集，问者寥寥。"④乾嘉时期，钱大昕甚至感慨小说在社会中形成了一种堪比儒、释、道的"小说教"，"古有儒、释、道三教，自明以来，又多一教曰小说。小说演义之书，未尝自以为教也，而士大夫农工商贾无不习闻之，以至儿

---

① 谢桃坊：《中国市民文学受众心理分析》，《江海学刊》1995年第1期。

② [明]叶盛著，魏中平校点：《水东日记》，中华书局，1980，第213-214页。

③ 叶德辉著，刘发校点：《书林清话》，辽宁教育出版社，1998，第97页。

④ [清]李渔：《与徐冶公二札》，载《李渔全集》第一卷，浙江古籍出版社，1991，第232页。

童妇女不识字者，亦皆闻而如见之。是其教较之儒、释、道而更广也"①。
除民间人士的记载外，官方史籍中也有相关记录，如嘉庆时期《大清仁宗
睿皇帝实录》中有载："稗官小说，编造本自无稽，因其词多俚鄙，市井
粗解识字之徒，手挟一册。"②道光时期《大清宣宗成皇帝实录》有载："近
来传奇演义等书，踵事翻新，词多俚鄙，其始不过市井之徒，乐于观览，
甚至儿童妇女，莫不饫闻而习见之。"③

　　3. 日常实用性图书

　　例如历书，历书在中国古代社会生活中有着非凡的意义，"帝王之治
天下，以律历为先；儒者之通天下，至律历而止。历以数治，数自律生，
故律历既正，寒暑以节，岁功以成，民事以序，庶绩以凝，万事根本由兹
立焉"④。其实对普通百姓而言，它还不仅仅是帮助节寒暑、序民事的问题，
"它在民众中不仅是现代意义上的'日历'，而且还是生活中的'百科全书'，
甚至还是民众精神生活的'指南'"⑤。据史料记载，元朝天历元年（1328
年），全国共印历书3123185本，花费中统钞高达45980锭32两5钱。
而据学者推测，1330年时全国约有1700万户、8500万人⑥，基本上6户
人家即有一本历书。正因为市场需求庞大，元朝实行历书专卖制度，严禁
民间私自印刷，对不遵规定者严厉惩处："诸告获私造历日者，赏银一百

① 陈文和编：《嘉定钱大昕全集》（9），江苏古籍出版社，1997，第272页。

② 《大清仁宗睿皇帝实录》卷276。转引自王利器辑录《元明清三代禁毁小说戏曲资料》，上海古籍出版社，1981，第64页。

③ 《大清宣宗成皇帝实录》卷249。转引自王利器辑录《元明清三代禁毁小说戏曲资料》，上海古籍出版社，1981，第72页。

④ 周宝荣：《宋代出版史研究》，中州古籍出版社，2003，第134页。

⑤ 葛兆光：《〈时宪通书〉的意味》，《读书》1997年第1期。

⑥ 吴松弟：《中国人口史》第三卷，复旦大学出版社，2000，第389-390页。

两。如无太史院历日印信，即同私历，造者以违制论。"①再如"通俗日用类书"②，主要是将各种与普通百姓日常生活相关的通俗知识予以分类，供普通百姓生活参考之用。例如元代有《启札青钱》《居家必用事类全集》，明代有《多能鄙事》《便民图纂》《居家必备》《日用便览事类全集》《家居要览》等，这类书籍"不仅包括书启活套、古今尺牍精粹、聘书宴帖等日常往来应用文体，还涉及天文、地理、人事、器用等杂字，篇章短小精悍，将识文造句和生活常识相结合，雅俗共赏，经济实用，故广受欢迎"③。台湾学者吴蕙芳在《万宝全书：明清时期的民间生活实录》中提到"征引此类文献一百五十九种，仅不同版本的《万宝全书》即达八十一种"④，可见此类书籍在当时的受欢迎程度。

二、中国近代读者群体概述

（一）近代读者的规模

经过清末新政，国民识字率渐有提高，如有学者认为清末能识字的人数大概在 4000 万，社会识字率不超过 10%。但是进入民国，由于国家和社会对教育的重视，识字率有了明显的提升。据卜凯在 20 世纪 30 年代初期对 22 个省 308 个县进行的抽样调查，在 87000 人中"已有 45.2% 的男性和 2.2% 的女性曾上过几年学；识字率达到 30% 左右"⑤。当然不同的

---

① [明] 宋濂等：《元史》卷 105。转引自曹之《古代历书出版小考》，《出版史料》2007 年第 3 期。

② 针对该类图书有不同说法，如日本学者仁井田陞称之为"日用百科全书"，酒井忠夫称之为"日用类书"，中国学者刘天振称之为"通俗类书"，原重庆西南师范大学出版社 2011 年影印出版的一套收录有 42 种此类图书的丛书，则以"通俗日用类书"作为其总称，因此本文以"通俗日用类书"作为这一类书的总称。

③ 秦宗财：《明清传统图书市场发展与徽州坊刻市场特色研究》，《商业时代》2008 年第 33 期。

④ 郭孟良：《晚明商业出版》，中国书籍出版社，2010，第 100 页。

⑤ 陈德军：《南京政府初期的"青年问题"：从国民识字率角度的一个分析》，《江苏社会科学》2002 年第 1 期。

省份和地区存在差异，有调查显示 20 世纪 30 年代江苏、江西和陕北三地的识字率分别为 40%、21.9% 和 31%，而吉林省达到 55.8%，河北冀县则是 40% 左右。[1] 将以上数据同卜凯的调查结果进行比较，我们认为 20 世纪 30 年代的中国社会识字率在 30% 左右。以当时人口总数为 4.5 亿来计算，识字人数应当在 1.3 亿左右。虽然这个识字人数并不能直接转换成读者规模，因为只是认识少数汉字的人很少有兴趣与爱好去看书、购书，但是庞大的人口基数对读者数量的增长所起的作用不言而喻。

　　近代读者群体的一个显著变化就是市民阶层在近代城市中崛起，这种变化除了得益于工商业的发展外，还应归功于学生数量的增长。1905 年科举制正式废止之后，新式教育得到迅猛发展，学堂与学生的数量也逐年增加。民国建立之后，尽管社会动荡不安，教育事业深受干扰，但是在校学生数量以及增长幅度仍然相当可观。据统计，1906—1907 年间在校学生数为 468220 人，1907—1908 年间为 883218 人，1908—1909 年间为 1144299 人，1909—1910 年间为 1536909 人，1911—1912 年间为 2933387 人，1912—1913 年间为 3643206 人，1913—1914 年间为 4075338 人。而五四新文化运动后学生数量增长更快，如 1921—1922 年间学生数为 4987647 人，1922—1923 年间达 6615772 人。[2] 另据 1934 年出版的《全国教育年鉴》统计，到 1930 年时全国在校学生总数达到 1150 万左右，其中专科以上学生 44130 人，中等学校学生 514609 人，小学（初级、高级）学生达到 10918979 人。[3] 如果考虑到学堂每年培养的大批毕业生

---

①陈德军：《南京政府初期的"青年问题"：从国民识字率角度的一个分析》，《江苏社会科学》2002 年第 1 期。

②中国第二历史档案馆编：《中华民国史档案资料汇编》第三辑·教育，江苏古籍出版社，1991，第 928-929 页。

③教育部中国教育年鉴审委员会编：《第一次中国教育年鉴》，开明书店，1934，第 19、124、161 页。

走上社会，经过近 20 年的积累，受教育人数肯定颇为可观。[1]加上清末准备考科举的各种有儒家学术背景的文人数量大致在 500 万—600 万，两个群体的总数能够达到 2000 万至 3000 万。[2]虽然这个数目只占当时中国人口的一小部分，但是其绝对数量十分庞大，为近代出版业发展提供了利益丰厚的潜在市场。

（二）近代读者的主要阅读品种

随着人们知识、思想水平的提升，人们对图书阅读的喜好也呈现多样性的特点。由于受传统文化和科举制度的影响，传统典籍依然是人们阅读的重要品种，除此之外，还有一些图书品种是值得我们重视的。

1.西学书籍[3]

据熊月之的统计，从 1811 年到 1911 年，前后百年时间里，中国一共翻译出版 2291 种西学书籍。其中，1811—1842 年间翻译出版 32 种，1843—1860 年间翻译出版 105 种，1860—1900 年间翻译出版 555 种，1900—1911 年间翻译出版 1599 种。[4]在这百年时间中，西学书籍的翻译分为前后两个阶段，不同阶段出版主题也不一样，反映了读者阅读兴趣的变迁。

前一个阶段以自然科学书籍翻译为主。鸦片战争的失败使一些先进中国人从天朝大国梦中觉醒，开始了睁眼看世界的历程。他们认为中国的失

---

① 以小学生为例，1922 年人数为 6601802 人，1929 年达到 8882077 人，1922 年采用"壬戌学制"（六三三制），小学 6 年，其中初小 4 年，高小 2 年。我们假设 1922 年各个年级人数均等，即每个年级 110 万人左右，那么经过 7 年的时间，累计毕业学生近 800 万人。这尚未考虑许多初小读完即辍学的情况。

②[美]高哲一：《为普通的读者群体创造"知识世界"——商务印书馆与中国学术精英的合作》，林盼译，载张仲民、章可编《近代中国的知识生产与文化政治——以教科书为中心》，复旦大学出版社，2014，第 81-82 页。

③ 本处所言"西学书籍"主要是指包含近代自然科学和人文社会科学知识的图书，是西学东渐的产物。进入民国后，"西学"这一词语渐渐消亡，本研究主要论述晚清时期的"西学书籍"出版情况。

④ 熊月之：《西学东渐与晚清社会》，上海人民出版社，1994，第 14 页。

败主要在于"器"不如人，如曾亲历过鸦片战争的林则徐就说："彼之大炮，远及十里内外，若我炮不能及彼，彼炮先已及我，是器不良也。彼之放炮，如内地之放排枪，连声不断，我放一炮后，须辗转移时，再放一炮，是技不熟也。求其良且熟焉，亦无它深巧耳。不此之务，即远调百万貔貅，只恐供临敌之一哄。"[1] 因此，必须"师夷长技以制夷"。据不完全统计，1842—1860 年间国人出版的有关西洋火器及自创新法的书籍就有 22 种之多。[2] 此后，随着认识的加深，人们意识到西方的坚船利炮其实来源于现代科学技术知识，于是，人们将目光又投向了"格致"之学。例如近代早期最大的翻译机构江南制造局翻译馆，所译的 200 种著作[3] 中，绝大部分属于自然科学类。具有代表性的如《汽机发轫》《化学鉴原》《代数术》《三角数理》《地学浅释》《微积溯源》《声学》《谈天》《兵船炮法》《电学全书》《测海绘图》等。

后一个阶段以翻译社会科学书籍为主。随着开埠日久，中西交往更趋频繁，中国人逐渐认识到西方列强国力强盛的根源不在于"格致"之学，而在于制度与文化的先进，于是有关西方政治、法律、教育、文化等方面的书籍成为编译的重点。诚如高凤谦所言："泰西有用之书，至蕃至备。大约不出格致政事两途。格致之学，近人犹知讲求。制造局所译，多半此类。而政事之书，则鲜有留心，译者亦少。盖中国之人，震于格致之难，共推为泰西绝学。而政事之书，则以为吾中国所固有，无待于外求者。不知中国之患，患学在政事之不立。而泰西所以治平者，固不专在格致也。……

---

[1] 林则徐：《致姚椿、王柏心》，载郑逸梅、陈左高主编《中国近代文学大系（1840—1919）·书信日记集》（一），上海书店，1992，第 14 页。

[2] 王尔敏：《中国近代思想史论》，社会科学文献出版社，2003，第 6 页。

[3] 张增一：《江南制造局的译书活动》，《近代史研究》1996 年第 3 期。

此繙译政事之书所以较之格致为尤切也。"[1] 在这一阶段的译书中，以严复的"严译八大名著"（《天演论》《原富》《群学肄言》《群己权界论》《法意》《社会通诠》《穆勒名学》《名学浅说》）最具代表性，特别是他翻译的《天演论》，在中国产生广泛影响，"自严氏书出，而物竞天择之理，厘然当于人心，而中国民气为之一变"。[2]

2. 教科书

古代儿童可以阅读的图书品种很少，"一种是启蒙的，例如《三字经》《百家姓》《千字文》《神童诗》《千家诗》《日用杂字书》《日记故事》《幼学》等；一种是预备应科举考试的，例如《四书》《五经》《史鉴》《古文辞》之类"[3]。这种状况直到甲午战争之后才有所改观，由于教育救国热潮的兴起，中国人开始借鉴西方传教士的经验，学习其教科书编撰技巧，从而使得中国近代教科书从无到有、从幼稚到成熟。[4]清末许多民营出版企业都曾进入教科书市场进行竞争，经过市场的筛选，最终形成了少数几家出版企业控制近代教科书市场的局面，正如时人所观察到的，"在今日教育界里，一提到采用课本，学校当局和各科教员，会不约而同的说：'我们还是用老铺子的比较靠得住。'他们所谓'老铺子'，第一就是指商务印书馆，第二是中华书局，其次才挨次轮到世界书局"[5]。

---

① 高凤谦：《翻译泰西有用书籍议》，载郑振铎编《晚清文选》，中国人民大学出版社，2012，第561页。

② 胡汉民：《述侯官严氏最近政见》，载《辛亥革命前十年间时论选集》第二卷，生活·读书·新知三联书店，1977，第146页。

③ 吴研因：《清末以来我国小学教科书概观》，载《商务印书馆九十五年》，商务印书馆，1992，第207页。

④ 虽然19世纪70年代西方传教士和洋务派知识分子就曾经编辑出一些与古代启蒙读物不一样的教材，但是这类"教材都不可能发展成为用于国民普通教育的基础教材"。参见王有朋主编：《中国近代中小学教科书总目》，上海辞书出版社，2010，第6页。

⑤ 狷公：《教科书潮》，《中国新书月报》1932年第2卷第8期。

近代教科书是学生必备的读物，这个自不待言，笔者更想指出的是近代学生阅读这些教科书时心情是喜悦的，教科书对他们极具吸引力。以郑振铎为例，他的三叔从上海回来时曾给他带回许多本红皮面绿皮面的教科书，这些教科书让他有了前所未有的人生感受：

> 这些书里都有许多美丽的图，仅那红的绿的皮面已足够引动我的喜悦了。……却见那些光光的白纸上，印上了整洁的字迹，而且每一页或每二页便有一幅之前未见的图画，画着尧、舜、武王、周公、刘邦、项羽的是历史教科书；画着人身的形状，骨骼的构造，肺脏、心脏的位置的是生理卫生教科书；画着上海、北京的风景，山海关、万里长城的画片，中国二十二省的如秋海棠叶子似的全图的是地理教科书；画着马呀、羊呀、牛呀、芙蓉花呀、青蛙呀的是动植物教科书。呵，这许多有趣的书，这许多有趣的图，真使我应接不暇！我也曾听见尧、舜、周公的名字，却不晓得他们是哪样的一个神气；我也知道上海、万里长城，而上海与万里长城的真实印象，见了这些画后方才有些清楚。……这个夏天，真是一个奇异的夏天，我居然不再出去和街上的孩子们"擂钱"了，居然不再和姊妹以及秋香们赌弹"柿瓢子"了。我乱翻着这些教科书，我用铅笔乱画着，我仿佛已把全个世界的学问都捏在手里了。①

3. 辞书

辞书的社会价值与意义都不容低估，蔡元培曾说辞书与社会进步互为

---

① 郑振铎：《郑振铎全集》第 1 卷，花山文艺出版社，1998，第 114—116 页。

因果，"一社会学术之消长，观其各种辞典之有无、多寡而知之。各国专门学术，无不各有其辞典，或繁或简，不一而足。盖当学术发展之期，专门学术之名词与术语，孳乳浸多，学者不胜其记忆，势不得不有资于检阅之书。既得检阅之书，则得以所节之心力与时间，增进其研究，而学术益以进步。学术益进步，而前此所检阅者，又病其简浅而不适于用，则检阅之书，又不得不改编，互为因果，流转无已。此学术进步之社会，所以有种种专门之辞典也"①。近代新辞书事业的发达首先得益于近代中西交流的深化。开埠通商开阔了国人的眼界，西方新知识、新思想如汹涌浪潮澎湃东来，令人目不暇接。这不仅激发了人们的求知欲，也刺激了辞书需求的增长。正如《辞源》主编陆尔奎所说："癸卯、甲辰之际，海上译籍初行，社会口语骤变，报纸鼓吹文明，法学、哲理名辞稠叠盈幅。然行之内地，则积极消极、内籀外籀，皆不知为何语。……新旧扞格，文化弗进。友人有久居欧美，周知四国者，尝与言教育事，因纵论及于辞书，谓一国之文化常与其辞书相比例。吾国博物馆图书馆未能遍设，所以充补知识者，莫急于此。"②自此，各类以沟通中西文化为目的的新辞书纷纷诞生。出版企业也纷纷进入辞书出版市场，主要原因在于既能促进文化发展又能获取收益。在近代中国出版业中，一般图书的销量很低，唯有作为教育用书的教科书与辞书销量可观，"欧美的一般书，印数都以万计，多的可以到几十万以上，中国除教科书和通用的工具书以外，一般都只有几千，销数差的甚至只有几百"③。如果能够占领这个市场，自然会获取颇为可观的 效益，

---

① 蔡元培：《〈植物学大辞典〉序》，《蔡孑民先生言行录》，广西师范大学出版社，2005，第223页。

② 陆尔奎：《〈辞源〉说略》。

③ 章锡琛：《漫谈商务印书馆（选）》，载宋原放《中国出版史料（近代部分）》第3卷，湖北教育出版社，2004，第104页。

例如商务印书馆出版的《国音学生字汇》，该书总计销量达 400 万册，成为商务最赚钱的图书品种之一。① 另外，编纂出版辞书也是企业实力与地位的象征。辞书与一般读物不同，其编纂往往需要动用大量人力、财力和物力，如商务印书馆《辞源》编纂前后历时 8 年，搜集查考资料达十多万卷，参与编写者近 50 人，用资 13 万元，一般实力弱小的出版机构自然难以承担。因此，近代辞书出版往往集中于商务、中华、世界、大东、开明等少数几个大型出版机构，正如商务印书馆经理王显华所说的那样："（翻译出版辞书）第一须钱；第二须人……我可以一定的说，以中国书店论，现时能者惟有商务。"②

据钟少华的统计，20 世纪初的 11 年间出版中文百科辞书接近 50 部，从 1912 年到 1949 年，出版了 200 部左右的新词语百科辞书。③ 这些辞书中商务印书馆出版数量最多，据田颂云的不完全统计，商务印书馆在 1949 年之前出版辞书多达 88 种④。这些辞书大致可以分为四类："第一类供一般人读书治事之用，可以《新字典》和《辞源》为代表。……第二类专供学生应用，可以《学生字典》为代表。……第三类为专科辞书，重要的有《动物学大辞典》《植物学大辞典》《地质矿物学大辞典》《中国人名大辞典》《中国古今地名大辞典》……第四类为外国语文字典和辞典。英文字书中以《韦氏大学字典》的汉译及《综合英汉大辞典》的编纂为费力最多。"⑤

---

① 《商务五十年》，载《商务印书馆九十五年》，商务印书馆，1992，第 770 页。

② 《译印韦氏大学字典版权涉诉记》，载宋原放主编《中国出版史料（现代部分）》第 1 卷，上册，山东教育出版社，2001，第 542 页。

③ 钟少华：《中国近代新词语谈薮》，外语教学与研究出版社，2006，第 8-9 页。

④ 田颂云：《近代商务印书馆辞书出版研究》，硕士学位论文，华中师范大学，2008。

⑤ 《商务五十年》，载《商务印书馆九十五年》，商务印书馆，1992，第 770-771 页。

4. 小说

小说自古以来深受普通民众的喜爱，"天下读小说者最多也……仅识字之人，有不读'经'，无有不读小说者"①，即使是清末，这种状况依然没有什么改变，"今试一游乎通都大邑之书肆，则所陈列者，十之六七，皆小说矣，又试入穷乡僻壤，则除小说外，他项书籍，殆不可得见焉"②。以康有为、梁启超为代表的维新派将小说视作"新民"的重要手段与途径，"故《六经》不能教，当以小说教之；正史不能入，当以小说入之；语录不能谕，当以小说谕之；律例不能治，当以小说治之。……今中国识字人寡，深通文学之人尤寡，经义史故亟宜译小说而讲通之"③。在此背景下，小说创作与出版迅速升温，仅在清末十年里，上海地区出版过小说的书局就达一百多家，出版的期刊中以"小说"命名的达 14 种，而这一时期发表的小说保守估计超过两千种。④依照日本学者樽本照雄《新编增补清末民初小说目录》一书的收录，仅清末民初出现的小说信息就多达 19156 条，其中创作作品 13810 条，翻译作品 5346 条。⑤

（三）读者群体变化对中国近代出版业的影响

读者群体的变化对中国出版业的影响是多方面的，如读者数量的增加明显扩大了出版市场的规模，促使畅销书诞生。再如读者类型的多样化促使市场细分，针对特定读者群体的专业书刊及专业出版机构在近代发展起来。下文以儿童图书出版的形成过程为例，略述近代专业出版的出现。

---

① 陈平原：《20 世纪中国小说理论资料》第一卷，北京大学出版社，1997，第 29 页。

② 陈平原：《20 世纪中国小说理论资料》第一卷，北京大学出版社，1997，第 402 页。

③ 康有为：《日本书目志》，载《康有为全集》第 3 集，上海古籍出版社，1987，第 522 页。

④ 陈方竞：《新兴都市上海文化·报刊出版·新小说流变——清末民初上海小说论（上）》，《福建论坛（人文社会科学版）》2008 年第 9 期。

⑤ [日]樽本照雄：《本书的使用方法》，载《新编增补清末民初小说目录》，齐鲁书社，2002，第 2 页。

　　古代的儿童是没有独立地位的，周作人就曾在《儿童的文学》中说过："以前的人对于儿童多不能正当理解，不是将他当作缩小的成人，拿'圣经贤传'尽量的灌下去，便是将他看作不完全的小人，说小孩懂得甚么，一笔抹杀，不去理他。"[①]正因如此，古代出版界始终未能真正将儿童看作独立的读者群体，为他们提供的阅读产品也少之又少，《三字经》《百家姓》《千字文》抑或《幼学琼林》是古代儿童的主要精神食粮。到了近代，西方传教士给中国儿童带来了新的阅读产品。1874年《小孩月报》创刊，这是近代第一份专为儿童创办的报刊。该刊月出一期，铅印线装一簿册，除了传播基督教教义，该刊也重视传授文化科学知识来启迪儿童智慧。例如该刊经常介绍"天文、地理、格物"和"各处奇文"（各国介绍），还有今人熟知的《伊索寓言》也在该刊中刊载传播。对那时只念过"子曰诗云"的少年儿童而言，这样的内容无疑极为清新活泼且富有价值，即使对许多未能接触西方知识的成年人来说也颇具启蒙价值，《申报》就称赞其"诚启蒙之第一报也"。除《小孩月报》之外，基督教传教士们还为少年儿童创办了其他报刊，这些报刊往往考虑儿童的年龄特点与阅读兴趣，图文结合，内容深度适宜，很受当时儿童读者的欢迎，年销量最多时达三万五千多册。这样的发行规模也说明近代儿童群体已经具备了构成专门市场的潜力。

　　当然，儿童报刊的繁荣还需等到国人儿童观念发生转变之后才能实现。19世纪末20世纪初，资产阶级改良派意识到儿童教育的重要性，将救亡图存的希望寄托于少年群体，正如梁启超在《少年中国说》中所说：

　　[①] 周作人：《儿童的文学》，《新青年》1920年第8卷第4号。转自蒋风主编：《中国儿童文学大系·理论（一）》，希望出版社，1988，第3页。

"少年强则国强，少年独立则国独立，少年自由则国自由，少年进步则国进步，少年胜于欧洲，则国胜于欧洲，少年雄于地球，则国雄于地球。"[①] 鉴于报刊对塑造健全儿童有重要作用，各类儿童报刊如雨后春笋般纷纷创立，如创刊于1897年的《蒙学报》，除了"介绍文学、算学、史事、舆地、格致等方面的知识，并配有插图。该刊还分5—7岁、8—12岁、13—18岁和18岁以上四个年龄段编辑，开创了我国儿童刊物分年龄出刊的先例"[②]。此后，《启蒙画报》（1902年）、《童子世界》（1903年）、《香港少年报》（1906年）、《少年报》（1907年）、《儿童教育画》（1909年）、《少年杂志》（1911年）、《学生杂志》（1914年）、《中华儿童画报》（1914年）、《中华童子界》（1914年）、《中华学生界》（1915年）等儿童报刊也都应时而生。

五四新文化运动时期，伴随"儿童的发现"，儿童报刊发展进入繁荣期。先是各种报纸纷纷在副刊开辟儿童园地，同时专门供儿童阅读的儿童杂志也纷纷诞生，其中最具代表性的就是商务印书馆的《儿童世界》和中华书局的《小朋友》。《儿童世界》自1922年1月7日创刊，1953年停刊，前后延续了30多年。《小朋友》则在1922年4月6日创刊，黎锦晖、吕伯攸、吴翰云、陈醉云、陆衣言、王人路、黎明等人既是该刊作者又是该刊编辑。《儿童世界》与《小朋友》可谓民国时期儿童杂志界的"双子星座"，其诞生与发展标志着中国近代儿童报刊的成熟。除杂志之外，民国时期儿童图书的出版也渐趋兴盛，其中不得不提及近代第一家专注于儿童读物出版的机构——儿童书局。该书局由原在上海泰东书局当经理的张一

---

① 梁启超：《梁启超全集》，北京出版社，1999，第411页。
② 傅宁：《中国近代儿童报刊的历史考察》，《新闻与传播研究》2006年第1期。

渠于 1931 年创立，先后出版了 800 多种儿童图书。除了出版图书外，儿童书局还专门发行《儿童杂志》和《少年晨报》。此后，儿童书局不断扩展业务，在全国各地设立分局。因为儿童书局规模庞大，所以在书局林立的上海福州路上，张一渠的名气仅次于商务印书馆的王云五。[①]近代儿童书刊的出现、繁荣意味着儿童阅读需求日益增长，同时也意味着儿童作为一种重要且独立的读者群体进入编辑界的视野中。

① 王林：《张一渠——中国第一家儿童书局的创办人》，《文史杂志》1998 年第 1 期。

第六章
编辑职业化

在古代社会，知识分子追求的是一种非职业化的境界[1]，这种对非职业化的崇拜导致古代知识分子从事编辑工作往往属于业余性质，少有以之养家糊口并实现自我价值者。"业余"说法并非指其水平低下，而是说明古代知识分子的主业并不在此，正如孔子虽整理六经，但其主业是教育，司马迁虽编撰《史记》，但其主业是史官一样。到了近代，随着资本主义生产方式在出版业广泛采用，众多知识分子才开始把编辑作为专职工作，在编辑岗位上实现生存与理想的完美结合，编辑职业化也才最终确立。所谓职业化，主要包含两层意思，"一是职业，即个人通过该项工作获得主要生活来源。二是职业化，职业化主要是指一定群体在一定社会中共同从事同一类、同一性质的工作，这种工作不但具有普遍性和稳定性，并且具有社会职业的连续性，真正形成社会学意义上的阶层"[2]。对编辑而言，

---

① 列文森：《儒教中国及其现代命运》，郑大华、任菁译，中国社会科学出版社，2000，第13-14页。
② 陈阳凤、梅莉：《中国编辑职业化考》，《出版发行研究》2000年第5期。

职业化主要包括以下四方面的特征：第一，编辑专门从事编辑工作，是专职而非兼任；第二，编辑具有独立的地位，并且能实施自我管理；第三，编辑具备专门的知识技能与思维方式；第四，编辑具有良好的职业道德与从业操守。

一、中国近代职业编辑的诞生

出版近代化其实也是出版产业化的过程，即出版业以市场为导向，以效益为中心，从手工作坊向拥有一定规模及现代化生产水平的现代企业转变。编辑职业化是出版近代化的重要推动力量，也是其主要内容之一。

（一）清末编译所制度的流行

在传统社会，出版业的主要任务就是进行相关翻印活动，在版式与排印上加以革新，不需要雇佣专职编辑人员。19世纪八九十年代，随着竞争日益激烈，为了保障校对质量，也为了扩大书籍影响力，当时一些规模较大的石印书局，诸如点石斋印书局、同文书局、积石书局、鸿宝斋书局等，多聘请翰林出身的文士主持校订工作，分校人员也都是举人或秀才出身。陆费逵在《六十年来中国之出版业与印刷业》一文中说："当时的石印书局，因自己不编译，专翻印古书，所以没有什么编译所的名称。大概在发行所或印刷所另辟一室，专从事校阅。总校一人，一定要翰林或进士出身，月薪三十两。分校若干人，举人或秀才出身，月薪十两左右。"[①]上述机构虽然还算不上是现代意义的编辑（译）所，但是已为现代编辑（译）所的出现开了先河。

---

① 陆费逵：《陆费逵文选》，中华书局，2011，第393—394页。

19世纪末20世纪初，编译所出现并渐渐流行。其原因主要还是适应市场的需要，"新式书店因欲适应时代，编译各项新刊物，所以在'造货'方面，除去添配新式印刷机件以外，更须招雇许多编译人员；编者，是将各科学术，就读者程度之深浅而加以编次，乃近乎整理的工作；译者，撷取欧美日本的著作，演为国文，使不懂外国语的人，也可获得新知。这两种工作，以前的旧式书店都是从未着手过的"[1]。包天笑曾回忆1900年前后夏瑞芳经常向他询问编译所事宜："（夏瑞芳）他又常常来询问我：'近来有许多人在办编译所，这个编译所应如何办法？'我说：'要扩展业务，预备自己出书，非办编译部不可。应当请有学问的名人主持，你自己则专心于营业。'"[2]包天笑在此之前已经参加过许多编译所，他戏称自己这段经历是"游历"编译所，可见编译所已在近代出版界扎下了根。当然，编译所的流行与商务印书馆编译所的成功密不可分。1903年商务印书馆编译所正式成立，夏瑞芳聘请张元济担任所长，张氏为商务印书馆编译所广纳贤才，先后聘请高梦旦为国文部主任，蒋维乔、庄俞等为国文编辑，又依蔡元培的推荐，聘杜亚泉为理化数学部主任，主要从事教科书编辑。考虑到以往教科书通常"为教席者，以授课之暇编纂之，限于日力，不能邃密"，商务印书馆编译所决定采用"圆桌会议"的方式集思广益，进而确定编辑原则和方法，"由任何人提出一原则，共认有讨论之价值者，彼此详悉辩论，恒有为一原则讨论至半日或终日方决定者"[3]。而在具体编辑过程中，编辑十分注重编辑质量，有时甚至为一字

---

[1] 明戈记：《书局里的编译的：职业界巡礼忆杂之四》，《青年周报》1938年第31期。

[2] 包天笑：《钏影楼回忆录》，中国大百科全书出版社，2009，第236页。

[3] 蒋维乔：《编辑小学教科书之回忆》，载《商务印书馆九十年》，商务印书馆，1987，第57页。

优劣而争论不休。① 经过职业编辑精心打造的教科书自然极受市场欢迎，如1904 年出版的《最新教科书》一上市就受到读者青睐，《最新国文教科书》第一册出版后不到两周即销售了五千余册。蔡元培在 1918 年回顾出版业的发展时就提到："近二十年，始有资本较富之书肆，特设编辑所，延热心教育之士，专任其事。于是印刷之业，始影响于普通之教育。"② 很明显，蔡元培这里说的就是商务印书馆编译所。受商务印书馆《最新教科书》的影响与鼓舞，当时的书业同行们纷纷跟进，仿效设立编译所以进军教科书市场。

（二）职业编辑群体的出现

传统社会中，读书人的出路十分狭窄，直到近代依然如此。据张仲礼的统计，太平天国之后旧式文人数量达 144 万之多。19 世纪中期，清政府正式官员的总数为 27000 人，尽管到了 20 世纪初"新政"的实施带来了一些新的部门与岗位，但是官员的整体规模不会超过 5 万人。这5 万个官职与 144 万士人相比简直微不足道，将所有官职都给予这些士人，也只占到士人总数的 3.3%。因此，大多数旧式知识分子需要另寻他路。"旧式士人的出路除了少数人作官之外，还有的人只能混迹于幕府和衙门，充当幕僚、书办或教职，成为政权机构的衍生物；出身于富有之家的可在家乡成为乡绅，包揽钱粮、诉讼、宗族和地方事务；清寒之家的士人多数则充当教师；住在城镇的士人亦有兼营工商实业者。"③ 随着旧式知

① 如蒋维乔就曾记述道："余编及某课时，用一'釜'字，而高梦旦必欲改为'鼎'字，余曰：'鼎字太古，不普通，不可用。'高曰：'鼎乃日常所用之字，何谓不普通？'余曰：'鼎字如何是日常所用之字？'高曰：'鼎字如何不是日常所用之字？'于是二人大争，至于声色俱厉；及后细心分辨，方知闽语呼'釜'为'鼎'，而不呼为'釜'也。相与抚掌大笑。"见蒋维乔：《编辑小学教科书之回忆》，载《商务印书馆九十年》，商务印书馆，1987，第 61 页。

② 蔡元培：《商务印书馆总经理夏君传》，载《商务印书馆九十年》，商务印书馆，1987，第 1 页。

③ 章开沅主编：《中国近代史上的官绅商学》，湖北人民出版社，2000，第 660 页。

识分子人数的增加，即使是私塾先生这样的苦差事，对 19 世纪 80 年代之后的读书人而言，也是十分难求。

> 微（惟）特乡举进身之途几至无望，即平日馆谷之谋亦觉大非易事。愤激者辄谓：生小读书，自走绝地。然今日秀才之多，实无地可以位置。举人、进士正途也，而百中选一，文章且憎命矣；出贡、就教（秀才积年可经出贡而得官或就教职——引者注）后路也，而捐班参杂，轮选不及待矣；居乡坐馆本分也，而束脩微薄，俯仰不能给矣；书院膏火外快也，而夤缘抢替，他人更分肥矣。此外为商则无本，为农则无力，为工则无艺，刑名钱谷则乏佐治之才，刀笔官司则守怀刑之戒。宇宙虽宽，而无一处可以作寒士之生业者。[1]

取得出身的士人们也并不能保证生活境遇就有所改善。晚清政府实缺有限，所以士人要获得有俸禄的实职也是越来越困难，长年候补，得缺无期，甚至终生不得委缺者比比皆是。[2]1905 年科举制度废除，传统进身之路被阻断，知识分子阶层不得不在科举体制之外寻找人生出路，除经商或成为科学技术的专门人才（如从事现代教育事业）外，进入报刊或编译所从事职业编辑也成为选择之一（见表 6-1），"自从有新式书店产生以来，就造就了许多以'编译'为生的人了；真是文人新辟的一条谋生大道"[3]。

---

[1]《论秀才轻重》，《申报》1883 年 10 月 18 日。

[2] 李长莉：《晚清士人趋利之风与观念的演变》，载《近代中国社会生活与观念变迁》，中国社会科学出版社，2001，第 312-316 页。

[3] 明戈记：《书局里的编译的：职业界巡礼忆杂之四》，《青年周报》1938 年第 31 期。

表 6-1 清末从事编辑职业的士人举例 [①]

姓名	功名	职业	姓名	功名	职业
廉惠卿		文明编译局编辑	韩衍	生员	通俗报编辑
于仲芳		黔报编辑	朱山	生员	报馆主笔
蒋大同	生员	长春日报编辑	程善之	生员	中华民报主笔
刘博存		选报主笔	叶楚伧	生员	中华新报主笔
于佑任	举人	神州日报社主笔	李基鸿	生员	汉文新报编辑
吴伟康	生员	报馆编辑	景耀月	举人	民呼报主笔
田桐	生员	国风日报编辑	李庆芳	生员	教育官报主编
雷昭性	生员	鹃声报编辑	雷鼐	生员	国风日报主笔
时题杏	生员	晨钟报编辑	李钟钰	举人	字林沪报编辑
蒋衍生	生员	悬钟周刊编辑	刘镇	生员	西南日报编辑
马方	贡生	皖报主笔	张明德	生员	西南日报主笔
狄楚青	举人	时报主笔	刘縠训	进士	晋阳报主笔
陈训正	举人	天铎报主笔	胡汉民	举人	岭海报记者
黄某	举人	厦洪日报编辑	黄协埙	生员	申报主笔
汤化龙	进士	教育杂志主编	蒋方震	生员	浙江潮主笔
丁仲和	生员	编辑	居励今	生员	铁道时报主编
杜孟兼	举人	文明编译印书局	张某	举人	北洋学报主编
王元庆		农务报编辑	胡湘帆	生员	广益丛报编辑
万芳卿		农务报编辑	杨沧白	生员	广益丛报编辑
陈范	举人	苏报总编	范腾霄	生员	海军杂志编辑
莫伯伊	拔贡	羊城报主编	钟荣光	举人	博闻报编辑
曾熙寿	举人	国民日报编辑	龙钟沴		江西农报主编
杨度	举人	大同中央日报编辑	李云藻	生员	进化报编辑
李某	举人	汇报主编	熊育锡	生员	广智书局编辑

[①] 王先明：《近代中国绅士阶层的分化》，《社会科学战线》1987 年第 3 期。

163

民国时期，越来越多的知识分子进入出版机构，如商务印书馆编译所1903年至1930年的28年间共计进用编译员1362人[1]，中华书局创办后即大量招揽人才，1912年10月招考录取编辑、事务学习员等31人[2]，到1913年4月中旬时编辑人员增至七八十人。[3]在当时就业困难的背景下，出版业不仅为知识分子提供了赖以谋生的岗位，而且提供了相对良好的待遇条件。以商务印书馆编译所为例，民国初年大学生进入商务印书馆编译所，通常试用半年，合格后正式录用，起点月薪30元，此后惯例是每年增加10元。1916年8月，茅盾（沈德鸿）从北京大学预科毕业后，经表叔卢鉴泉的关系进入商务印书馆编译所工作，起薪为每月24元，不到半年（1917年正月），通过了试用期的茅盾月薪即涨到30元，1918年、1919年又各涨了一次，增幅均为10元，所以到1919年茅盾的月薪已经达到每月50元。从1920年1月起，茅盾的月薪又涨了10元，达到60元。1921年因为茅盾主编《小说月报》，商务印书馆编译所将他的月薪调整为100元。至于有工作经验或留学经历的知识分子，商务给予的薪酬则更高，留学欧美的毕业生起薪能达到每月200—250元，留学日本的毕业生起薪可达每月120—150元。到了20世纪20年代，国内大学生进入商务印书馆，起薪也可达到每月60元，并且每年增加10元或20元。20世纪30年代，国内大学生入馆起薪上升至每月80元。这是普通编辑的薪酬水平，资深编辑或者居于管理层的编辑工资水平则更高。1921年，胡适考察商务印书馆编译所时，曾对其职工的月薪做过调查，发现300

---

① 张聚元：《中国编辑观念的进化》，《出版发行研究》2003年第3期。
② 钱炳寰编：《中华书局大事纪要（1912—1954）》，中华书局，2002，第4页。
③ 钱炳寰编：《中华书局大事纪要（1912—1954）》，中华书局，2002，第8页。

元及以上者有 2 人，250 元以上者有 1 人，200 元以上者 4 人，150 元以上者 8 人，120 元以上者 17 人。[①]商务印书馆这样的薪酬水平在上海地区到底如何？据相关调查统计，20 世纪 20 年代的上海，以五口之家为例（一对夫妻三个孩子），月开销 30 元为中等以下人家，月开销 66 元即为中等人家水平。[②]正因如此，当时很多年轻人都希望能够进入书局工作，如 1926 年 9 月 27 日商务印书馆编译所招考职工两三名，但是报考的人数达到二三百，"过于拟取名额不下十余倍之多之多云"[③]。

二、近代职业编辑的专业技能与职业道德

（一）专业技能

专业技能是指从事某种特殊的专业所必需的特种职业技能，也是职业区分的重要标准与体现。在近代出版界，编辑作为一种职业，需要何种技能？这个问题早在 20 世纪 30 年代时就已经有人给出了答案："做一个书局里的编译员，不是一件容易的事！第一，必须有两三种专门的知识及水准以上的常识；第二，必须对于印刷排版等技术相当熟悉；第三，要明瞭书籍销行的情形。"[④]

作为编辑，学识是第一位的。"一个大学文科毕业的人，而具备出版印刷等常识者，大概可以胜任了——当然，编的是中小学生的课外读物，译的也并不是高深的学术论著。高中毕业的人，能力上可以做校对员，但需经过对于校对工作的磨练。因为校对这项工作，粗看起来并不难，只要

---

① 胡适：《胡适的日记（上册）》，中华书局，1985，第 152 页。

② 罗苏文：《近代上海：都市社会与生活》，中华书局，2006，第 59 页。

③《馆事消息》，《励志》1926 年第 3 期。

④ 明戈记：《书局里的编译的：职业界巡礼忆杂之四》，《青年周报》1938 年第 31 期。

排稿和原稿对照即得，但仔细做起来，却是很麻烦的……初中程度的人，如果高兴做练习生，也勉强及格了，但不大容易得到'光明的前程'，因为自己的程度太差了；而从事编译工作全靠有学识，不若别的行业，只要积聚经验，即可以一帆风顺的往上爬。所以一个初中练习生，绝对不能升为编译员，其原因即在此。"① 近代出版机构中职业编辑多为饱学之士，例如王云五主掌下的商务印书馆编译所里群贤毕集，主掌教育部的朱经农是哥伦比亚大学教育学硕士，进馆前任北京大学教授，主持史地部的竺可桢是哈佛大学气象学博士，入馆前曾任东南大学教授，主持理化部的郑贞文是日本东北帝国大学的高才生，等等。不学无术的人肯定做不了编辑，但知识精深的学者也未必能做好编辑，因为编辑工作有其特点与规律，"做书局的编译员，并不是学术研究机关的研究员，研究员的责任在发掘新知，而编译员的责任是要把别人不知道的事，演成文字或图画告诉别人，或别人不容易懂得的学识，设法使他们容易知道，故前者是'吸收'，后者是'吐出'，其性质完全不同。因此，不学无术的人，固然不能当编译员，即学术深湛的学者而不善于作通俗化的撰述者，也不配做编译员，只能做'著作家'"② 。这不是个别人的看法，1934 年张荫麟谈到历史学家不一定能编好历史教科书，因为"这种工作不仅需要历史智识，并且需要通俗（就其对于青年的通俗）的文章技巧。而这两种造诣的结合，从来是不多见的。同样明显的，这种工作不仅需要局部的专精，而且需要全部之广涉而深入，需要特殊的别裁和组织的能力"③ 。

---

① 明戈记：《书局里的编译的：职业界巡礼忆杂之四》，《青年周报》1938 年第 31 期。

② 明戈记：《书局里的编译的：职业界巡礼忆杂之四》，《青年周报》1938 年第 31 期。

③ 郑师渠：《在欧化与国粹之间——学衡派文化思想研究》，北京师范大学出版社，2001，第 328 页。

　　做一个合格的编辑，除了需要上述普遍意义上的学识，即对一定程度科学文化知识的掌握之外，还应对编辑工作的规律有深刻的认识。例如教科书编撰需要注意系统性，"先要将某一种整个的知识，为一种详细的解剖的演述"；注意条理性，"注重事物轻重之分明"；注意技术性，"就是用一种特别的方法，格外使所编的知识所含的意义明了"；注意程限问题，"所谓程限，就是该书的程度问题"；注意方式问题，"讲演式答记式是万不宜于教科书的，讲演式失之笼统而繁冗，答记式失之琐碎而杂乱，所以现在教科书的编法，多采取章节的演述式，或章节的大纲式"。除此之外，"旨趣的正大，见解的超卓，思想的新颖，尤为教科书必备之精神"①。据商务员工董涤尘的回忆，他大学毕业后进入商务印书馆，经历一段时间的学习之后才真正掌握数学教科书的编辑要领：

　　　　我在大学专攻数学，毕业后进商务印书馆编译所数学部任编辑……古人说："书到用时方恨少"。我在着手编辑初中数学教科书时，对此深有所感。大学里读的高深数学用不上，中学里的数学基础知识，虽略知梗概，但仅是概念化，无实践经验；要编得恰到好处，又切合中学实际，自己就感到空虚，无从下笔。好在商务印书馆条件较好，图书馆备有各种参考用书，中文、日文和西文书咸备；我边学边用，学用结合，才渐渐入门，渐渐深化，亦渐渐感到此中自有乐趣。②

　　其他领域的图书编辑工作也有技巧性，例如王云五作为近现代著名的

---

① 张润泉：《编审教科书之我见》，《陕西教育月刊》1927 年第 1、2 期。
② 董涤尘：《我与商务印书馆》，载《商务印书馆九十五年》，商务印书馆，1992，第 265 页。

出版家之一，他在出版领域取得的成就有目共睹①，但他的出版生涯中也出现过"败笔"，那就是筹划出版《百科全书》。"按照他的计划，雇用一班能译英文的人，把全部《美国大百科全书》拆散，逐条译成汉文，编排一下，就可出版。为了迅速成书，这部门的编辑只给四五十元底薪，译稿另按字数计算稿费，扣除底薪。在这办法的鼓励下，人人日夜赶工，每月收入多的可得二百元以上。但进度虽然很快，仍难如期完成，于是又在暑假中招来一批高年级的大学生帮同翻译。结果字数固然大量增加，但一经检查，不但学术、名词和人地名译音都不统一，而且大多数文理不通，毫无翻译经验，自然错误百出。起初以为只要请能力较高的编译员复读一遍，稍加修改就可付排，这时都感到无从着手，修改反不如重译省事。费了一年多时间，化了几十万元资金，全部译稿只能扔进字纸篓去。"② 以上事例充分说明编辑工作具有自己的特点与规律，把握这种特点与规律不仅需要卓越的学识，还需要编辑工作者长时间的摸索。正因如此，当时就有人提到"做一个书局里的编译员，不是一件容易的事！"③

如果说上述三项技能中，印刷技术是最容易掌握及习得的一项，那么"明瞭书籍销行"，熟悉图书市场与读者心理无疑是最难的一项，它需要编辑经过长时间的钻研与积累才能获得。所以出版企业延揽编译员时，往往倾向于选择在某个领域成绩突出或有相当经验者，例如包天笑进入商务印书馆就是因为张元济看重其在出版教育小说方面的成绩，认为这些成绩有助于教科书的编撰，包天笑曾回忆道："（张元济）说：'我们出版的

---

① 王建辉：《文化的商务——王云五专题研究》，商务印书馆，2000。
② 宋云彬：《漫谈商务印书馆》，载《商务印书馆九十年》，商务印书馆，1987，第110页。
③ 明戈记：《书局里的编译的：职业界巡礼忆杂之四》，《青年周报》1938年第31期。

小学国文教科书，年年改版，现在革命以后，又要重编了，要请阁下来担任其事。'我说：'我没做过这个工作，恐怕才力不及。'他说：'看过你写的教育小说，深知你能体察儿童心理，必能胜任愉快。'"①也正因如此，出版企业很少从外界公开招募编译员，更多的是通过熟人介绍，并得书局当事者信赖，然后加以聘用。久而久之，编译所中形成了独特的文化现象。如包天笑观察商务印书馆编译所，"以江苏人为最多，江苏人中，尤以常州人为最多。即以我们编辑教科书方面，如蒋竹庄、庄百俞、严练如诸位，全是常州人。那时候，商务印书馆编辑《辞源》已在发起了，而主其事的陆伟士先生（尔奎）也是常州人；还有孟纯孙（森，又号心史）先生也在商务编译所任事，我不知道他是担任那一科。其他还有我所不相熟的常州人也不少。次之乃是无锡人，我所熟识的如蔡松如（文森，后来成为亲戚）、王西神（蕴章）诸君"②。在其他出版企业，通过同乡、同学关系进入企业的情况也不少见，世界书局英文编辑部主任邀请他的之江大学同学胡山源加入编辑部，胡又介绍中学同学陆高谊，以及之江大学的学生朱生豪加入。开明书店只就编辑部门来说，如叶圣陶和王伯祥、郭绍虞是苏州小学时代的同窗好友，夏丏尊与丰子恺、傅彬然、贾祖璋等在浙江第一师范有师生之谊，叶圣陶与赵景深、丰子恺等为立达学园同事。

（二）职业道德

职业道德是指从事一定职业的人们在其特定的工作或劳动中的行为规范的总和。虽然职业道德的内容十分丰富，但是正如编辑大家巴金曾说过的："我过去搞出版、编丛书，就依靠两种人：作者和读者。得罪了作家

---

① 包天笑：《钏影楼回忆录》，中国大百科全书出版社，2009，第388页。
② 包天笑：《钏影楼回忆录》，中国大百科全书出版社，2009，第388-389页。

我拿不到稿子，读者不买我编的书，我就无法编下去。……搞好和作家和读者的关系也就是我的奋斗的项目之一，因此我常常开玩笑说："作家和读者都是我的衣食父母。'我口里这么说，心里也这么想，工作的时候我一直记住这两种人。"① 因此，笔者以为编辑如何看待与处理同作者、同读者的关系是职业道德中最为关键和重要的部分。

1. 尊重关心作者

尊重作者、关心作者是近代出版界的共识。为了获得优质而稳定的稿源，出版界都努力与作者建立良好关系。例如商务印书馆，常常通过优厚稿酬来网罗优秀作者，与他们保持长久而良好的合作关系。商务曾开出过郭沫若千字 4 元，胡适千字 5 元，鲁迅千字 5 元，蔡元培千字 5 元的稿酬标准，而梁启超则更高，曾达到每千字 20 元。除此之外，商务印书馆建立了一套严格的稿酬管理制度，保证及时支付作者稿酬，周越然说："商务账务正确，检查严密，对于著作人之版税，毫不作伪，毫不推诿……'一·二八'事变，公司全毁，停业多月，余以为版税无着矣。不料复业不及一月，已将'一·二八'以前未付清之版税 1700 余元送至吾家。商务之诚实可靠，商务之顾全信用，真可令人佩服！"② 曾在商务印书馆出版过《书评研究》一书的萧乾，日后回忆时也对商务的诚信赞誉有加："没有一本书像《书评研究》跟我那么久！1935 年以后，我的生活流动性很大。但不论我走到上海、香港、英国，战后 1949 年又由香港回到北京，商务总按季度向我报告该季度销了多少册，作者应得版税若干，并如期汇到。

---

① 巴金：《上海文艺出版社三十年》，载《随想录》，作家出版社，2009，第 355 页。
② 周越然：《言言斋书话》，陕西师范大学出版社，1998，第 290 页。

1935 年在商务出的书，版税通知单一直追踪我到解放后。"① 再如中华书局，在作者稿酬方面"不单以销数多少为依据，有些高精尖的著作，即使亏本，稿费和版税率都订得较高。从来没有要作者包销多少册，或者赞助多少费用作为接受出版的条件；更没有将'中华书局'的牌子借给别人出版书刊而自己从中进行剥削的情况。相反，对所约稿件或字数较多的自发来稿，一经采用，作者还可预支稿费"②。正因如此，中华书局在作者群体中信誉极好，胡乔木、薛暮桥、于光远、巴金、王宠惠、王亚南、郁达夫、杨宪益、丰子恺、傅雷、宦乡、郭沫若、郑振铎、李达、陈望道、马君武、王光祈、李劼人、沈从文等一众文化界名人，或在书局出书，或在所办刊物上发表文章。

其实，除了稿费方面的优厚与及时支付外，出版机构对作者更重要的关怀来自精神层面，尤其是对新人的发掘与鼓励。恽铁樵是个极好的例子，恽铁樵 1911 年加入商务印书馆任编译员，1912 年开始主编《小说月报》直至 1917 年卸任。他在编辑岗位上奉行"佳者虽无名新进亦获厚酬，否则即名家亦摒弃而勿录"的编辑原则，许多文坛名家都受到过他的栽培与鼓励。如鲁迅的小说处女作《怀旧》，便是经恽铁樵审核后刊登在《小说月报》4 卷第 1 号（1913 年 4 月）上，恽氏还特意为这篇新人新作写了 10 则批语和 1 则总评，盛赞其文字功力和为文鲜活。再如叶圣陶的习作《旅窗心影》，亦受恽氏的青睐，但他觉得刊于《小说月报》尚欠火候，便收录于由他主编的《小说海》中，并撰写长信一封给叶圣陶，与其讨论小说内容。而当时大名鼎鼎的译林巨匠林纾的译作质量下降，恽铁樵虽予以登

---

① 萧乾：《我与商务》，载《商务印书馆一百年》，商务印书馆，1997，第 76 页。

② 李湘波：《出版印刷事业的开拓者陆费伯鸿先生》，载《陆费逵与中华书局》，中华书局，2002，第 75 页。

载，但是私底下仍给予批评：

> 近此公（指林纾）有《哀吹录》四篇，售与敝报。弟以其名足震俗，漫为登录（指《小说月报》第五卷七号）。就中杜撰字不少："翻筋斗"曰"翻滚斗"，"炊烟"曰"丝烟"。弟不自量，妄为窜易。以我见侯官文字，此为劣矣！①

恽铁樵此种重质不重名的编辑作风也影响了叶圣陶，叶圣陶出任《小说月报》代理主编时，先后发表了丁玲、施蛰存、戴望舒、巴金等新人的新作。其实，奖掖后进、推重新人的举动远非恽铁樵、叶圣陶两例，正如学者所言："张静庐之擢用施蛰存，施蛰存之扶掖穆时英；包天笑之提携周瘦鹃，周瘦鹃之识拔张爱玲等，皆为一时美谈。而鲁迅对一批文学青年的扶掖，则早已明昭于史。这些事例，反映了尚名之风恒炽不衰的上海出版市场的另一面相。"②

2. 热心服务读者

服务读者有其层次性，最基本和最关键的当是出版令读者满意的作品。近代编辑群体都充分意识到这一点，高觉敷从北京师范大学毕业后加入商务印书馆编译所，有一次他将一篇译稿交给李石岑、周予同二人，请他们进行批评指正，李、周二人反映根本看不懂，于是问高觉敷这篇稿子是给自己读还是给别人读，如果是给他人读，在翻译时就要考虑如何让他人读得懂。深受触动的高觉敷自此之后在翻译时坚持"信、达、雅"的标

---

① 钱钟书：《林纾的翻译》，载《七缀集》，生活·读书·新知三联书店，2001，第100页。
② 叶中强：《上海社会与文人生活（1843—1945）》，上海辞书出版社，2010，第121页。

准，尽量按照中文的语法习惯翻译，避免文字生硬晦涩。在此标准指导下，高觉敷成功地翻译了卡夫卡（K. Koffka，格式塔心理学领袖之一）的《儿童心理学新论》（1933 年）和弗洛伊德（S. Freud，精神分析学派开创者）的《精神分析引论》（1933 年）。前者得到我国著名儿童心理学专家，同时也是卡夫卡学生的黄翼的好评，后者也令学者章士钊十分满意。[①] 此外，为了维护读者利益，保证知识传播的正确性，编辑界往往敢于应对外部压力，甘受利益损失。如 1945 年叶圣陶组织《初中本国地理课本》稿件，准备作为全国通用的一种地理课本（即"国定课本"）进行出版，但国民政府教育部审查该书稿后要求在该书中增加"四川省是抗战建国的根据地"等内容，叶圣陶同作者认真讨论后认为这有悖科学性，宁愿不要"国定课本"的金字招牌也不愿加入此项内容。[②]

将读者视作"上帝"及"衣食父母"是编辑职业道德的更高层面。这一方面的践行以邹韬奋最具代表性。在二十多年的编辑生涯中，邹韬奋始终把读者放在头等地位，强调竭诚为读者服务，这也成为日后"生活精神"最鲜明、最重要的特征。究竟该如何服务读者呢？"竭我智能，尽忠代谋"。邹韬奋曾打过一个很形象的比喻，"做编辑的人好像是读者所用的厨子，所差异的，不过厨子所贡献的是物质食粮，编辑所贡献的是精神食粮"[③]。作为一名优秀的"厨子"，编辑自然应该根据读者的口味，并考虑读者的健康来贡献食粮。在《生活》周刊初期，邹韬奋就将"用敏锐的眼光和深切的注意，诚挚的同情，研究当前一般大众读者所需要的是怎样的'精神

---

① 郭本禹主编：《中国心理学经典人物及其研究》，安徽人民出版社，2009，第 215 页。

② 华水：《试论开明书店的特色》，《编辑学刊》1987 年第 4 期。

③ 邹韬奋：《韬奋全集》第 9 卷，上海人民出版社，1995，第 522 页。

食粮'"看作是"主持大众刊物的编者所必须负起的责任",努力为大众提供"有趣味、有价值"的精神食粮。1931年"九一八"事变后,面对外有敌寇之侵略,内有政治之黑暗,邹韬奋为民族和大众的利益计,毅然转变编辑方针,除了将《生活》周刊变成一个"主持正义的舆论机关",同时还出版《生活日报》《抗战》等报刊,鼓吹全民抗战。

三、编辑职业化对中国近代出版业的影响

编辑职业化对中国出版业的影响,可以用"出书""出人""出经验"简单概括之。

出书。编辑职业化能够提升编辑工作的效率与质量,以商务印书馆为例,主要体现在能够有效提高书刊产品的产量与质量上。另外需要指出的是,编辑职业化是近代辞书、教科书这种考验"集体力"的品种得以产生的重要条件,以工具书为例,商务印书馆《辞源》编纂耗费近50人的编纂团队8年的时间,而中华书局编纂《辞海》前后花费22年时间,若没有编辑的职业化,这种事情根本无法成功。再如教科书,由于要求更高,"教科用书的编印,比不得普通用书来的便当,编制要统一,结构要精密,意识要正确,文笔要畅达"[1],因此更需要团队作战,商务印书馆1904年编纂《最新教科书》时,正是张元济、蒋维乔、庄俞等人群策群力方才保证其质量之精良。[2]

所谓"出人",主要是指在职业化环境下有利于新人健康而快速地成长。由于各个编译所网罗大批知识精英,新人在这样的优越环境中不断受

---

[1] 狷公:《教科书潮》,《中国新书月报》1932年第2卷第8号。
[2] 蒋维乔:《编辑小学教科书之回忆》,载《商务印书馆九十年》,商务印书馆,1987,第57页。

到熏陶，所以能快速崛起。以商务印书馆为例，作为与北京大学齐名的文化重镇，自创办以来一直人才济济，如蔡元培、张元济、高梦旦、李拔可、陈叔通、蒋维乔、庄俞、王云五、周予同、孟森、顾颉刚、竺可桢、叶圣陶、周建人、胡愈之、章锡琛、朱经农、邝富灼、孙毓修、王莼农、恽铁樵、李伯嘉、郑贞文、何崧龄、范寿康、黄士复、方叔远、吴致觉、顾均正、杜亚泉、茅盾、陈翰笙、郑振铎、程瀛章、傅运森、江伯训、吴继杲、郭秉文、朱元善、黄蔼农、叶劲风、林志烜、颜惠庆、陆尔奎、夏尊佑、张明养、江铁、甘作霖、杨贤江、寿孝天、冯宾符、傅东华、何炳松、向达、刘海粟、陈云、陈布雷、周昌寿、徐润全、谢六逸、李石岑、张叔良、唐钺、黄觉民、余云岫、任鸿隽、周鲠生、陶孟和、段玉华、蒋梦麟、黄宾虹、钱经宇、徐应昶、胡哲谋、周越然、周由廑、陶保霖、王伯祥、胡寄尘、李圣五、赵廷为等等都曾是编译所的编辑。商务老人高觉敷回忆商务印书馆编译所时说："（商务编译所）集中了专家、学者近百余人，俨然是一所包括了大中小学教育的学术机构……我觉得好像于大学毕业两年多后考入了一个研究院似的。"[1] "编译所的学术气氛是浓厚的，五四运动以后更加生气勃勃，焕然一新。当时各科专门家有竺可桢、朱经农、何炳松、唐钺、郑贞文、周昌寿、李石岑、叶圣陶、沈雁冰、郑振铎、胡愈之、杨贤江、周予同，真所谓人才济济，成果累累。在这种学术环境中耳濡目染、潜移默化，我对他们的敬慕之情油然而生，从而促进了我的科研的兴趣。"[2] 而商务员工张明养也曾经感叹说："商务印书馆是一个培育人才的大学校。商务编译所拥有一支很强的编辑队伍，许多老编辑多是各门学科中学有专

---

① 高觉敷：《回忆我与商务印书馆的关系》，载《商务印书馆九十年》，商务印书馆，1987，第347页。
② 高觉敷：《回忆我与商务印书馆的关系》，载《商务印书馆九十年》，商务印书馆，1987，第348页。

长的著名学者，在他们的传、帮、带下，不少年轻人得到了锻炼和提高。"①
新人在这样的环境中自然能够快速成长。

"出经验"主要是指在从事一段时间的出版工作后积累心得，并将之
用于后续的编辑工作中。近代编辑人在不同编辑领域都有自己的心得体会，
以杂志编辑为例，办好杂志除需要有明确的办刊宗旨和优秀的文章外，还
需要：第一，标题活泼严肃。"在每篇文字付排之前，必需有一番仔细
的整理工作，例如篇幅的精确估计，标题的装置配备，以及版面的设计等，
在需要处理尽善……否则，表现在校样上的文字，可能是一片凌乱芜杂，
太不雅观；印出书来，又必徒然使读者望而生厌。……标题的配备，第
一要做到活泼轻松，同时也需注意严肃，不宜流于低级和庸俗。"第二，
篇幅紧凑美化。"无论是文字、插图、广告，都得要有全盘的设计与调
整，避免'不惬意'的'疏'和'密'，以完成紧凑和美化的境界。因此，
一根铅条，一条花边，一个空铅，以及标题的角度，版面的'明'与'暗'，
插图与广告的重心等等，都是值得研究和布置的。"第三,编辑校对的配合。
"编辑和校对，是二而一的工作，一个标准的编辑工作者，不但能'编'，
而且能'校'，自编自校，当然工作合拍。"②再如编辑民众通俗读物，
首先是在内容取材上要注意，比如选择培养国民的进取心、激扬国耻的
文字，描写社会黑暗、鼓吹革命的文字，关于学术、技术的叙述文字，
模范人物的传记行述，探险及纪行文，关于发现、发明的经验谈，建立
伟大事业的大人物经历谈，其他适当的材料。在形式上，文体最好选用
俗曲时调，语句要浅明易晓。③

① 张明养：《怀念和感激——纪念商务印书馆建馆八十五周年》，载《商务印书馆九十五年》，商务印书馆，1992，第 292 页。

② 云涛：《关于编辑技术》，《中建》1946 年第 10 期。

③ 朱允宗：《编辑民众读物经验谈》，《教育新路》1933 年第 39 期。

第七章
结语

按照传播学的说法，媒介具有改变社会的本能与动力，"媒介一经出现，就参与了一切意义重大的社会变革——智力革命、政治革命、工业革命，以及兴趣爱好、愿望抱负和道德观念的革命"[①]。孙中山在《建国方略》中曾高度赞扬近代出版业对于近代文明的贡献："此项工业为以知识供给人民，是为近世社会一种需要，人类非此无由进步。一切人类大事皆以印刷纪述之，一切人类知识以印刷蓄积之，故此为文明一大因子。世界诸民族文明之进步，每以其每年出版物之多少衡量之。"[②]对中国社会而言，近代出版业所带来的影响包括以下几个方面。

一、出版业与中国近代政治

出版活动具有影响社会政治生活的功用与机能，主要包括舆论导向功

---

①[美]威尔伯·施拉姆、威廉·波特：《传播学概论》，新华出版社，1984，第19页。
②孙中山：《建国方略》，辽宁人民出版社，1994，第257页。

能、思想教育功能，以及社会整合功能三个部分。[①] 就舆论导向而言，近代每一次重大政治变革无不是以舆论变革为先声。例如维新运动时期，梁启超主编《万国公报》（后改为《中外纪闻》）、《时务报》，撰写《变法通议》，"惟好攘臂扼腕以谈政治，政治谈以外，虽非无言论，然匣剑帷灯，意有所在，凡归于政治而已"[②]。正是这些出版活动使得他的政治思想为人所知并广泛接受，例如汪康年阅读梁启超的文章后就写信给友人说："昨登参用民权一篇，尤为透彻，痛下针砭，佩服佩服。梁卓翁苦口苦心，慷慨而谈，暮鼓晨钟，唤醒梦不少。"[③] 吴玉章就是被唤醒的众多国人之一，他在回忆录中谈到他青年时读到康有为、梁启超等人的政治文章后，很快对科举、功名失去兴趣，只想跟随康、梁成为维新志士。[④] 胡适也曾高度赞扬梁启超从事报刊活动对中国革命做出的贡献，称其为"吾国革命第一大功臣"[⑤]，这种评价无疑是准确而恰当的。维新变法运动失败后，革命党人通过报刊广泛宣传革命思想。例如革命党人冯自由注意到1903 年时上海及苏浙等地的革命书报业十分发达，"沪人自行编印者，除《革命军》及《驳康有为政见书》外，则有《黄帝魂》《〈苏报〉案纪事》《馗书》《俄罗斯大风潮》《孙逸仙》《沈荩》《攘书》《中国民族志》《清秘史》《女界钟》《三十三年落花梦》《二十世纪大舞台》《〈国民日日报〉汇编》《自由血》诸种"[⑥]。而留日学生在日本创办的许多报刊，"如《新广东》《湖北学生界》《汉声》《湖南》《游学译编》《新湖南》

---

① 罗紫初：《编辑出版学导论》，湖南大学出版社，2008，第 73 页。

② 梁启超：《梁启超全集》，北京出版社，1999，第 2805 页。

③ 上海图书馆编：《汪康年师友书札》（1），上海古籍出版社，1986，第 341 页。

④ 吴玉章：《吴玉章回忆录》，中国青年出版社，1978，第 7 页。

⑤ 胡适：《胡适留学日记》，安徽教育出版社，1999，第 102 页。

⑥ 冯自由：《冯自由回忆录：革命逸史》，东方出版社，2011，第 211 页。

《江苏》《浙江潮》等，皆以上海为尾闾"①。这些革命书刊的流行，使当时许多知识分子从改良主义思想桎梏中解脱出来，纷纷走上革命道路。梁启超弟子黄与之也承认："数年以来，革命论盛行于国中，今则得法理论、政治论以为之羽翼，其旗帜益鲜明，其壁垒益森严，其势力益磅礴而郁积，下至贩夫走卒，莫不口谈革命，而身行破坏。"②

二、出版业与中国近代经济

一方面，出版业促进中国近代社会经济的发展。按照马克思主义的政治经济学理论，生产力是社会经济发展的内在动力，而在生产力三要素中，无论是劳动力、劳动工具还是劳动对象，出版业都能对其变化产生影响：阅读书籍能够提高生产者的科学文化水平和思想政治觉悟，科学知识的传播与应用不仅能够带来生产工具的革新，而且能够加深人们对客观世界的认识，扩大劳动对象范围。另一方面，出版业直接产生经济效益，成为国民经济的重要组成部分。陆费逵在《六十年来中国之出版业与印刷业》中曾谈道："书业的营业，在前清末年，大约每年不过四五百万元；商务印书馆约占三分之一，文明书局、中国图书公司、集成图书公司等合占三分之一，其他各家占三分之一。民国初年约一千万元，商务印书馆占十分之三至四，中华书局占十分之一至二，近年（按：1930年左右）约三千万元，商务印书馆约占二十分之六，中华书局约占二十分之三，世界书局约占二十分之一。"③这些出版企业不仅资本雄厚，而且拥有当时最先进的

① 冯自由：《冯自由回忆录：革命逸史》，东方出版社，2011，第211页。
② 与之：《论中国现在之党派及将来之政党》，载张枬、王忍之编《辛亥革命前十年间时论选集》第2卷，生活·读书·新知三联书店，1963，第607-608页。
③ 陆费逵：《陆费逵文选》，中华书局，2011，第397页。

生产能力，能够为其他经济部门提供服务与支持，如商务印书馆"印刷部计分彩印、石印、铸字、排字、校对、照相、影印、铜板、纸版、铅版、藏版、装订和装切等四十余处。制造部计分电工、木工、铁工、仪器、标本、玩具、华文打字机等处。机器设备重要者为滚筒机、米利机、胶版机、大号自动装订机、自动切书机、世界大号照相机等，总数达一千二百架之多，在远东实无其匹"①。

三、出版业与中国近代教育

近代出版界人士自觉地将自己的工作同中国教育事业联系在一起，例如张元济当初放弃了南洋公学译书院提供的优渥条件，接受夏瑞芳的邀请进入商务印书馆，正是因为他怀揣着教育救国梦想，"昌明教育平生愿，故向书林努力来"，陆费逵在《〈书业商会二十周年纪念册〉序》中的话更是代表了这个时代出版人的集体心声："我们希望国家社会进步，不能不希望教育进步；我们希望教育进步，不能不希望书业进步。我书业虽然是较小的行业，但是与国家社会的关系，却比任何行业大些。"② 出版业对中国近代教育的作用主要表现在两个方面："一方面适应环境与潮流，供给教育材料——教科书，并复印本国及译印各国有用书籍；一方面更尽其余力直接举办教育事业以为倡导，并辅助教育之不及。"③ 在上述作用中，尤以教科书编撰对近代中国的影响最大，这一点诚如蔡元培所言："清之季世，师欧美各国及日本之制，废科举，立学校，始有教科书之名。为教

---

① 陈真、姚洛合编：《中国近代工业史资料（第一辑）》，生活·读书·新知三联书店，1957，第574页。
② 吕达主编：《陆费逵教育论著选》，人民教育出版社，2000，第337页。
③ 庄俞：《三十五年来之商务印书馆》，载《商务印书馆九十五年》，商务印书馆，1992，第724页。

习者，以授课之暇编纂之，限于日力，不能邃密，书肆诎于资而亟于利，以廉值购稿而印之，慰情胜无而已。近二十年，始有资本较富之书肆，特设编辑所，延热心教育之士专任其事。于是印刷之业，始影响于普通之教育。"① 除此之外，我们不应该忽略其他书籍的影响。例如历史学家章开沅曾回忆说在他的一生中从出版机构获益颇多，"小学时代喜欢读开明书店出版的《小朋友》等书刊，经常受到文学之美与爱心的浸润；中学和大学时代，则是商务印书馆的'万有文库'与'大学丛书'，使我的涉猎范围较广而又具有较高层次"②，尤其是商务印书馆的"万有文库"，更是激发了他和同学的学习热情：

　　抗战期间，逃难到四川，在江津德感坝国立九中就读整整五年。学校在偏僻的乡村，与外面的世界完全隔绝，战火也使我与家庭长期失去联系。乡下没有电灯，晚间靠桐油灯（多以破碗或小碟盛油并置灯草两三根）自习，当然听不到广播，也很难看到报纸。幸好学校图书馆有一套"万有文库"（或两套，因安徽大学迁川复校未成，有大量图书为九中利用），课余可以携带在教室内外阅读，所以很受学生（特别是高中生）的欢迎，凡爱读课外书籍者几乎人手一册。"万有文库"把我们这些少年读者引进知识海洋，从文、史、哲、经到天、地、生、化，从亚里士多德的哲学到爱因斯坦的相对论……尽管是生吞活剥，似懂非懂，却也增添不少常识，特别是激发了浓厚的读书兴趣。③

---

① 高平叔编：《蔡元培全集》第三卷，中华书局，1984，第 228 页。
② 章开沅：《由〈文化的商务〉引起的遐想》，《华中师范大学学报（人文社会科学版）》2000 年第 5 期。
③ 章开沅：《由〈文化的商务〉引起的遐想》，《华中师范大学学报（人文社会科学版）》2000 年第 5 期。

四、出版业与中国近代文化

出版业对中国近代文化的影响是多方面的，但是最根本、最重要的是"尊君观念的逐渐被摒弃和孔子与儒学独尊地位的根本动摇……推动了文化的平民化和社会风俗的变革"[①]。近代中国遭受内忧外患，尤其是西方列强的入侵使得亡国危险时时存在，救亡图存也成为这个时代的思想主题。在遭受一系列的挫折之后，一批先进知识分子终于意识到国民对于国家的重要性，"国民者，以国为人民之公产之称也。国者积民而成，舍民之外，则无有国。以一国之民，治一国之事，定一国之法，谋一国之利，捍一国之患，其民不可得而侮，其国不可得而亡，是之谓国民"[②]。国民之中尤以下层平民为大家所关注，"现在中国的读书人没有什么可望了，可望的都在我们几位种田的、做手艺的、做买卖的、当兵的以及那十几岁小孩子阿哥、姑娘们。……各位种田的、做手艺的、做买卖的、当兵的，以及孩子们、妇女们，个个明白，个个增进学问，增进识见，那中国自强就着实有望了"[③]。为增进底层民众的学问与见识，一些先进者利用出版进行相关的启蒙活动，最典型的就是清末兴起的以底层民众为读者对象的白话书刊的出版。据陈万雄在《五四新文化的源流》一书中所做统计，在1901年至1911年间，全国各地兴起的白话报刊不下140种，出版地遍及香港、广东、湖南、湖北、山东、山西、江西、东北、天津、伊犁及海外东京等地。除此之外，还有大量的白话文教科书，以及1500种以上的白话小说刊行。[④]

---

① 耿云志：《近代中国文化转型研究导论》，四川人民出版社，2008，第194页。

② 梁启超：《梁启超全集》，北京出版社，1999，第309页。

③ 蔡乐苏：《中国白话报》，载丁守和主编《辛亥革命时期期刊介绍》第1集，人民出版社，1982，第442-443页。

④ 陈万雄：《五四新文化的源流》，生活·读书·新知三联书店，1997，第159-160页。

白话书刊在清末社会流传极广，如彭翼仲创办的《京话日报》，"流布北方各省，大为风气先导。东及奉、黑，西及陕、甘，凡言维新爱国者莫不响应传播，而都下商家百姓于《京话日报》则尤人手一纸，家有其书，虽妇孺无不知有彭先生。于是声动宫廷，太后遣内侍采购，特嘱进呈"①。阅读该报的读者五花八门，除了职员、蒙师、书办、学生之外，还包括"小业主、小商贩、小店员、手工业工人、家奴、差役、士兵、家庭妇女、优伶以及一部分堕落风尘的妓女"②，可见该报对底层民众产生了深远影响。

这些白话报刊不仅强调传播新知，开阔读者视野，更强调对社会丑恶陋习的批判。以婚姻制度为例，当时众多白话报刊都曾刊登文章批判不合理的传统婚姻制度，典型者如陈独秀在《安徽俗话报》发表的《恶俗篇》，抨击传统婚姻制度"第一是结婚的规矩不合乎情理"，"第二是成婚的规矩不合情理"，"第三是不能退婚的规矩不合乎情理"，总而言之，"自始至终，没有一件事合乎情理"。反观西方社会，"现在世界万国结婚的规矩，要算西洋各国顶文明。他们都是男女自己择配，相貌才能性情德性，两边都是旗鼓相当的，所以西洋人夫妻的爱情，中国人做梦也想不到"③。与其他报刊文章一样，这种声讨迅速汇成一种强大的社会舆论，进而推动了清末民初时期婚姻文化的变革，诸如婚姻自由（包括离婚自由与改嫁自由）观念的兴起、晚婚观念的出现、买卖婚姻的革除、婚姻仪式的改进、婚礼服饰的变革等等。④

① 梁济著，黄曙辉编校：《梁巨川遗书》，华东师范大学出版社，2008，第31页。
② 李孝悌：《清末的下层社会启蒙运动：1901—1911》，河北教育出版社，2001，第25页。
③ 三爱：《恶俗篇》，《安徽俗话报》第3、4、6期，载秦维红《陈独秀学术文化随笔》，中国青年出版社，1999，第3—11页。
④ 梁景和、廖熹晨：《女性与男性的双重解放——论清末民初婚姻文化的变革》，《史学月刊》2012年第4期。

参考文献

[1]［美］阿列克斯·英克尔斯、戴维·H.史密斯：《从传统人到现代人——六个发展中国家的个人变化》，顾昕译，北京：中国人民大学出版社，1992。

[2]［法］埃斯卡皮：《文学社会学》，王美华、于沛译，合肥：安徽文艺出版社，1987。

[3]包天笑：《钏影楼回忆录》，北京：中国大百科全书出版社，2009。

[4]毕苑：《建造常识：教科书与近代中国文化转型》，福州：福建教育出版社，2010。

[5]［法］皮埃尔·布迪厄：《艺术的法则：文学场的生成与结构》，刘晖译，北京：中央编译出版社，2001。

[6]曹之：《中国古籍编撰史》，武汉：武汉大学出版社，1999。

[7]陈昌文：《都市化进程中的上海出版业（1843—1949）》，上海：上海人民出版社，2012。

[8]陈明远：《何以为生：文化名人的经济背景》，北京：新华出版社，2007。

[9]陈明远：《文化人的经济生活》，西安：陕西人民出版社，2010。

[10]陈平原、[意]米列娜：《近代中国的百科辞书》，北京：北京大学出版社，2007。

[11]陈平原：《20世纪中国小说史》第一卷，北京：北京大学出版社，1989。

[12]陈思和：《陈思和自选集》，桂林：广西师范大学出版社，1997。

[13][法]戴仁：《上海商务印书馆(1897—1949)》，李桐实译，北京：商务印书馆，2000。

[14]邓集田：《中国现代文学出版平台：晚清民国时期文学出版情况统计与分析(1902—1949)》，上海：上海文艺出版社，2012。

[15]邓文锋：《晚清官书局述论稿》，北京：中国书籍出版社，2011。

[16]范伯群：《中国近现代通俗文学史》，南京：江苏教育出版社，2000。

[17]范军：《中国近代出版文化史研究书录(1985—2006)》，开封：河南大学出版社，2008。

[18]冯志杰：《中国近代科技出版史研究》，北京：中国三峡出版社，2008。

[19][日]高柳信夫编：《中国"近代知识"的生成》，唐利国译，北京：

商务印书馆，2016。

[20][德]哈贝马斯：《公共领域的结构转型》，曹卫东、王晓珏、刘北城译，上海：学林出版社，1999。

[21][加拿大]马歇尔·麦克卢汉：《理解媒介：论人的延伸》，何道宽译，北京：商务印书馆，2000。

[22][美]何凯立：《基督教在华出版事业（1912—1949）》，陈建明、王再兴译，成都：四川大学出版社，2004。

[23]何明星：《著述与宗族：清人文集编刻方式的社会学考察》，北京：中华书局，2007。

[24]何绍斌：《越界与想象：晚清新教传教士译介史论》，上海：上海三联书店，2008。

[25]胡适、蔡元培、王云五等：《张菊生先生七十生日纪念论文集》，北京：商务印书馆，2012。

[26]黄林：《晚清新政时期图书出版业研究》，长沙：湖南师范大学出版社，2007。

[27]金耀基：《从传统到现代》，北京：中国人民大学出版社，1999。

[28]匡导球：《中国出版技术的历史变迁》，长沙：湖南人民出版社，2009。

[29]来新夏：《中国图书事业史》，上海：上海人民出版社，2009。

[30]李家驹：《商务印书馆与近代知识文化的传播》，北京：商务印书馆，2005。

[31]李明山：《中国近代版权史》，开封：河南大学出版社，2003。

[32][美]李欧梵:《上海摩登——一种新都市文化在上海1930—1945》,毛尖译,北京:北京大学出版社,2001。

[33]李瑞良:《中国出版编年史(上、下)》,福州:福建人民出版社,2004。

[34]李玉:《晚清公司制度建设研究》,北京:人民出版社,2002。

[35]刘宏权、刘洪泽:《中国百年期刊发刊词600篇》,北京:解放军出版社,1996。

[36]刘兴豪:《报刊舆论与近代中国政治:从维新变法说起》,北京:中央编译出版社,2011。

[37]刘志琴:《近代中国社会文化变迁录》,杭州:浙江人民出版社,1998。

[38]马祖毅:《中国翻译简史——"五四"以前部分》,北京:中国对外翻译出版公司,2004。

[39][美]钱存训:《书于竹帛:中国古代的文字记录》,上海:上海书店出版社,2002。

[40][美]钱存训:《中国古代书籍纸墨及印刷术》,北京:北京图书馆出版社,2002。

[41]冉彬:《上海出版业与三十年代上海文学》,上海:上海文化出版社,2012。

[42]商务印书馆:《商务印书馆九十年》,北京:商务印书馆,1987。

[43]商务印书馆:《商务印书馆九十五年》,北京:商务印书馆,1992。

[44] 商务印书馆：《商务印书馆一百年》，北京：商务印书馆，1998。

[45] 商务印书馆：《商务印书馆百年大事记》，北京：商务印书馆，1997。

[46]《上海出版志》编纂委员会编：《上海出版志》，上海：上海社会科学院出版社，2000。

[47] 上海图书馆：《江南制造局翻译馆图志》，上海：上海科学技术文献出版社，2011。

[48] 上海图书馆：《上海图书馆馆藏近现代中文期刊总目》，上海：上海科学技术文献出版社，2004。

[49] 史春风：《商务印书馆与中国近代文化》，北京：北京大学出版社，2006。

[50] 宋应离、袁喜生、刘小敏：《20世纪中国著名编辑出版家研究资料汇辑》，开封：河南大学出版社，2005。

[51] 宋原放、李白坚：《中国出版史》，北京：中国书籍出版社，1991。

[52] 宋原放主编：《中国出版史料·现代部分》，济南：山东教育出版社，2001。

[53] 宋原放主编：《中国出版史料·近代部分》，武汉：湖北教育出版社，2004。

[54] 宋原放主编：《中国出版史料·近代部分·补卷》，武汉：湖北教育出版社，2011。

[55] 宋原放主编：《中国出版史料·现代部分·补卷》，济南：山东

教育出版社，2006。

[56]汪家熔：《民族魂：教科书变迁》，北京：商务印书馆，2008。

[57]汪家熔：《商务印书馆史及其他——汪家熔出版史研究文集》，北京：中国书籍出版社，1998。

[58]汪家熔：《中国出版通史：清代卷（下）》，北京：中国书籍出版社，2008。

[59]王建辉：《出版与近代文明》，开封：河南大学出版社，2006。

[60]王建辉：《文化的商务——王云五专题研究》，北京：商务印书馆，2000。

[61]王勇：《书籍之路与文化交流》，上海：上海辞书出版社，2009。

[62]王余光：《中国新图书出版业初探》，武汉：武汉大学出版社，1998。

[63]王余光、吴永贵、阮阳：《中国新图书出版业的文化贡献》，武汉：武汉大学出版社，1998.

[64]王云五：《商务印书馆与新教育年谱》，南昌：江西教育出版社，2008。

[65]吴相：《从印刷作坊到出版重镇》，南宁：广西教育出版社，1999。

[66]吴永贵：《民国出版史》，福州：福建人民出版社，2011。

[67]吴永贵：《中国出版史》，长沙：湖南大学出版社，2008。

[68]肖东发：《中国图书出版印刷史论》，北京：北京大学出版社，2001。

[69]肖占鹏、李广欣：《唐代编辑出版史》，天津：南开大学出版社，2009。

[70]谢清果：《中国近代科技传播史》，北京：科学出版社，2011。

[71]熊月之、张敏：《上海通史》第6卷，上海：上海人民出版社，1999。

[72]熊月之：《晚清新学书目提要》，上海：上海书店出版社，2007。

[73]熊月之：《西学东渐与晚清社会》，上海：上海人民出版社，1994。

[74]徐雁：《中国旧书业百年》，北京：科学出版社，2005。

[75]徐日君、岳凯：《现代传媒与中国现代作家》，长春：吉林大学出版社，2010。

[76]许尔兵：《中国古代书籍编纂与出版》，南京：江苏古籍出版社，1998。

[77]杨义、周发祥、程玉梅等：《二十世纪中国翻译文学史》，天津：百花文艺出版社，2009。

[78]姚福申：《中国编辑史》，上海：复旦大学出版社，2004。

[79]叶圣陶：《开明书店二十周年纪念文集》，北京：中华书局，1985。

[80]叶再生：《中国近代现代出版通史》，北京：华文出版社，2002。

[81]叶中强：《上海社会与文人生活（1843—1945）》，上海：上海辞书出版社，2010。

[82][英]伊丽莎白·爱森斯坦:《作为变革动因的印刷机:早期近代欧洲的传播与文化变革》,何道宽译,北京:北京大学出版社,2010。

[83]殷莉:《清末民初新闻出版立法研究》,北京:新华出版社,2007。

[84]俞晓群:《这一代的书香:三十年书业的人和事》,杭州:浙江大学出版社,2010。

[85]俞子林:《百年书业》,上海:上海书店出版社,2008。

[86]俞子林:《那时文坛》,上海:上海书店出版社,2008。

[87]俞子林:《书的记忆》,上海:上海书店出版社,2008。

[88]元青、王建明、王晓霞等:《中国近代出版史稿》,天津:南开大学出版社,2011。

[89]袁晖、管锡华、岳方遂:《汉语标点符号流变史》,武汉:湖北教育出版社,2002。

[90]袁新洁:《近现代报刊"文人论政"传统研究》,南昌:江西人民出版社,2009。

[91]张晋藩:《中国法律的传统与近代转型》,北京:法律出版社,1997。

[92]张静庐:《中国出版史料补编》,上海:上海书店出版社,2003。

[93]张静庐:《中国近代出版史料初编》,上海:上海书店出版社,2003。

[94]张静庐:《中国近代出版史料二编》,上海:上海书店出版社,2003。

[95]张静庐:《中国现代出版史料甲编》,上海:上海书店出版社,2003。

[96]张静庐:《中国现代出版史料乙编》,上海:上海书店出版社,2003。

[97]张静庐:《中国现代出版史料丙编》,上海:上海书店出版社,2003。

[98]张静庐:《中国现代出版史料丁编》,上海:上海书店出版社,2003。

[99]张静庐:《在出版界二十年》,南京:江苏教育出版社,2005。

[100]张天星:《报刊与晚清文学现代化的发生》,南京:凤凰出版社,2011。

[101]张秀民:《中国印刷史》,上海:上海人民出版社,1989。

[102]张仲民:《出版与文化政治:晚清的"卫生"书籍研究》,上海:上海书店出版社,2009。

[103]赵家璧:《编辑忆旧》,北京:中华书局,2008。

[104]赵家璧:《文坛故旧录:编辑忆旧续集》,北京:中华书局,2008。

[105]赵景深:《现代文人剪影》,武汉:湖北人民出版社,2009。

[106]赵晓兰、吴潮:《传教士中文报刊史》,上海:复旦大学出版社,2011。

[107]中国出版工作者协会:《我与开明》,北京:中国青年出版社,1985。

[108]中国出版科学研究所科研办公室:《近代中国出版优良传统研

究》，北京：中国书籍出版社，1994。

[109] 中华书局编辑部：《回忆中华书局》，北京：中华书局，1987。

[110] 中华书局：《中华书局九十周年纪念（1912—2002）》，北京：中华书局，2002。

[111] 中华书局编辑部：《岁月书香：百年中华的书人书事（四集）》，北京：中华书局，2012。

[112] 周其厚：《中华书局与近代文化》，北京：中华书局，2007。

[113]［美］周绍明：《书籍的社会史：中华帝国晚期的书籍与士人文化》，何朝晖译，北京：北京大学出版社，2009。

[114] 周振鹤：《晚清营业书目》，上海：上海书店出版社，2005。

[115] 朱联保：《近现代上海出版业印象记》，上海：学林出版社，1993。

[116] 邹韬奋：《事业管理与职业修养·生活史话》，北京：生活·读书·新知三联书店，1998。

[117] 邹振环：《20 世纪上海翻译出版与文化变迁》，南宁：广西教育出版社，2000。

[118] 邹振环：《晚清西方地理学在中国》，上海：上海古籍出版社，2000。

[119] 邹振环：《影响中国近代社会的一百种译作》，北京：中国对外翻译出版公司，1996。

[120]［日］樽本照雄：《新编增补清末民初小说目录》，贺伟译，济南：齐鲁书社，2002。